한글 2014 *for* Beginner

양숙희 지음

지은이 **양숙희** hee8460@hanmail.net

동국대학교 교육대학원에서 컴퓨터교육을 전공했으며, 동 대학원의 경영정보학과 박사과정을 수료했다. 기업체와 관공서, 동남보건대학, 오산대학 등에서 강의했으며, 현재는 신구대학 정보미디어학부 겸임교수로 재직 중이다. 저서로는 『알기 쉽게 설명한 엑셀과 파워포인트』(지식인, 2003), 『IT CookBook, 초보자의 첫 번째 엑셀 2007』(한빛미디어, 2009), 『IT CookBook, 초보자의 첫 번째 한글 2007』(한빛미디어, 2009), 『IT CookBook, 초보자의 첫 번째 엑셀 2010』(한빛미디어, 2012), 『IT CookBook, 초보자의 첫 번째 한글 2010』(한빛미디어, 2012) 등이 있다.

한글 2014 *for* Beginner

초판발행 2014년 12월 6일
2쇄발행 2021년 7월 20일

지은이 양숙희 / **펴낸이** 전태호
펴낸곳 한빛아카데미(주) / **주소** 서울시 서대문구 연희로2길 62 한빛아카데미(주) 2층
전화 02-336-7112 / **팩스** 02-336-7199
등록 2013년 1월 14일 제2017-000063호 / **ISBN** 979-11-5664-141-4 93000

책임편집 김성무 / **기획** 김성무 / **편집** 김성무 / **진행** 김도윤
디자인 표지 여동일, 내지 여동일
영업 이윤형, 길진철, 김태진, 김성삼, 이정훈, 임현기, 이성훈, 김주성 / **영업기획** 김호철, 주희

이 책에 대한 의견이나 오탈자 및 잘못된 내용에 대한 수정 정보는 아래 이메일로 알려주십시오.
잘못된 책은 구입하신 서점에서 교환해 드립니다. 책값은 뒤표지에 표시되어 있습니다.

홈페이지 www.hanbit.co.kr / 이메일 question@hanbit.co.kr

한글 2014 입문을 위한 첫걸음

한글은 교육기관, 회사, 가정 등 여러 부문에서 사용되는 우리나라의 대표적인 워드프로세서 프로그램이다. 이 책은 학교나 실제 업무에 활용되는 예제를 통하여 누구나 쉽고 빠르게 한글 2014의 핵심 기능을 익힐 수 있도록 구성했다.

필자가 교육기관에서 강의할 때 시중에 나와 있는 교재로 수업을 진행하다 보면 내용이 워낙 방대해서 정작 필요한 내용을 제대로 가르치지 못할 때가 많았다. 많은 내용을 담는다고 해서 좋은 교재인 것은 아니며, 많은 내용만 전달한다고 해서 훌륭한 강사는 아니라고 생각한다. 배움에 있어 필요한 것은 '좋은 교재', 내용을 효과적으로 전달할 수 있는 '훌륭한 강사', 이와 더불어 배운 내용을 스스로 응용해 볼 수 있는 '학습자의 응용 능력'이다. 건축물 공정에 있어 가장 중요한 부분이 기초공사이듯이 어느 학문을 공부하건 기초가 가장 중요하다. 그래서 필자는 이 책에 실무에서 많이 사용하는 기초적이고 핵심적인 내용만을 수록하여 독자들에게 전달하고자 노력했다.

이 책은 필자가 수년간 강의한 경험을 바탕으로 독자들이 한글 2014를 좀 더 효과적으로 사용할 수 있도록 집필했다. 또한 실습 예제를 바탕으로 구성했기 때문에 누구나 쉽게 한글 2014의 핵심 기능을 익힐 수 있을 것이다.

『한글 2014 for Beginner』에서 다루는 내용은 다음과 같다.

1장 한글 2014 기초에서는 한글 2014 기본 기능, 문서 입력과 편집, 문서 서식, 그래픽 개체 다루기와 관련된 내용을 다룬다.

2장 한글 2014 활용에서는 표 작성과 편집, 차트 작성과 편집, 여러 고급 기능(다단, 머리말/꼬리말, 주석, 책갈피와 하이퍼링크 등)에 대한 내용을 다룬다.

관련 용어에 대한 설명이나 주의해야 할 사항, 알아두면 좋은 내용은 독자들의 이해를 돕기 위해 Tip과 Note에 삽입했다. 또한 각 절이 끝날 때마다 배운 내용을 한 번 더 정리하고 연습해 볼 수 있도록 요약과 연습문제를 함께 수록했다. 연습문제는 본문에서 익혔던 실습 예제를 기초로 하며 실무에서도 한글 2014를 제대로 활용할 수 있도록 응용력을 키우는 역할을 할 것이다.

이 책이 출간되기까지 물심양면으로 도와주신 한빛아카데미(주) 김태헌 사장님을 비롯하여 김성무 님께 깊은 감사의 말씀을 드리며, 이 책을 집필하는 동안 옆에서 응원해 준 사랑하는 남편과 두 딸(채연, 나연)에게도 고맙다는 말을 전하고 싶다. 끝으로 독자 여러분들이 이 책을 통하여 한글 2014를 좀 더 능숙하게 다룰 수 있게 되어 어디에서든 한글 2014를 사용할 때 많은 도움이 되기를 진심으로 바란다.

저자 **양숙희**

이 책의 사용 설명서

이 책을 읽기 전에

누구를 위한 책인가

IT 전공자뿐만 아니라 컴퓨터를 처음 접하는 비전공자들을 위한 컴퓨터 교양서다. 한글의 기본 기능부터 문서의 입력과 편집, 문서 서식, 그래픽 개체, 표와 차트, 고급 기능까지 배운다. 특히 실습을 따라 하며 핵심 기능을 익힐 수 있어서 한글 2014 입문자에게 안성맞춤이다.

선수 연계 과목

컴퓨터를 처음 사용하는 사람도 쉽게 따라할 수 있도록 실습 위주로 구성했기 때문에 특별히 먼저 알고 있어야 하는 내용은 없다. 컴퓨터의 전원을 켜고 끄는 방법과 마우스와 키보드를 이용하여 프로그램을 실행하는 방법 정도만 알고 있어도 된다.

이 책의 구성 요소

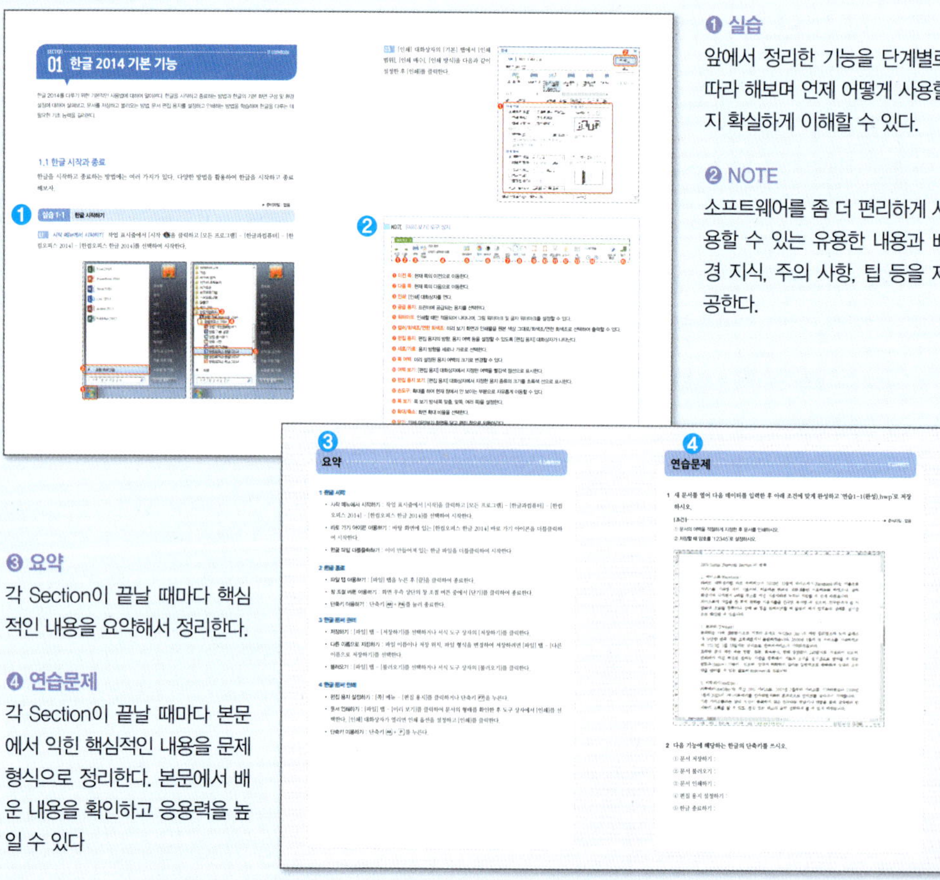

❶ 실습

앞에서 정리한 기능을 단계별로 따라 해보며 언제 어떻게 사용할지 확실하게 이해할 수 있다.

❷ NOTE

소프트웨어를 좀 더 편리하게 사용할 수 있는 유용한 내용과 배경 지식, 주의 사항, 팁 등을 제공한다.

❸ 요약

각 Section이 끝날 때마다 핵심적인 내용을 요약해서 정리한다.

❹ 연습문제

각 Section이 끝날 때마다 본문에서 익힌 핵심적인 내용을 문제 형식으로 정리한다. 본문에서 배운 내용을 확인하고 응용력을 높일 수 있다

무엇을 다루는가

PART 01 한글 2014 기초

Section 01 한글 2014 기본 기능

한글 2014를 다루기 위한 기본적인 사용법을 알아본다. 한글 시작과 종료, 기본 화면 구성과 환경 설정, 문서 관리 및 인쇄에 대하여 학습한다.

Section 02 문서 입력과 편집

문서에 특수문자나 한자를 입력하는 방법을 알아본다. 또한 블록으로 영역을 설정하는 방법과 블록으로 설정된 내용을 복사하고 이동하는 방법에 대하여 학습한다.

Section 03 문서 서식

글자 모양과 문단 모양을 설정하는 방법과 모양 복사하기 기능에 대하여 알아보고, 글머리표와 문단 번호 넣기에 대해서도 학습한다.

Section 04 그래픽 개체 다루기

그리기 개체를 이용하여 문서에 그림을 직접 그려 넣는 방법과 글상자, 글맵시, 그림을 삽입하고 편집하는 방법 등 그래픽 개체를 활용하는 방법을 알아본다.

PART 02 한글 2014 활용

Section 05 표 꾸미기

문서에 표를 만들고 삭제하는 방법과 셀 나누기, 셀 합치기, 셀 테두리 변경하기, 표 자동 채우기 등 표를 편집하고 활용하는 방법에 대하여 학습한다.

Section 06 차트 다루기

표에 입력된 내용을 차트로 만들면 시각적으로 내용을 쉽게 이해할 수 있으며, 자료의 전달력도 높일 수 있다. 이 장에서는 차트를 만들고 편집하는 방법에 대하여 알아본다.

Section 07 한글 2014 고급 기능 I

다단 설정, 머리말/꼬리말 삽입, 각주/미주 삽입, 쪽 번호 매기기 등의 고급 편집 기능을 활용하여 문서를 보다 더 쉽게 완성할 수 있는 방법을 알아본다.

Section 08 한글 2014 고급 기능 II

문서를 보다 편리하게 수정할 수 있도록 도와주는 찾기와 찾아 바꾸기, 다른 위치로 이동할 수 있는 책갈피와 하이퍼링크에 대하여 알아본다. 또한 스타일 활용법과 차례 만들기에 대해서도 학습한다.

강의 보조 자료와 예제 소스

강의 보조 자료

다음 사이트에서 교수 회원으로 가입하신 교수/강사분에게 교수용 강의 보조 자료를 제공합니다.

http://www.hanbit.co.kr

예제 소스

실습에 필요한 예제 자료는 다음 주소에서 내려받을 수 있습니다.

http://www.hanbit.co.kr/exam/4141

실습 환경

본문의 실습 환경은 다음과 같습니다.

- **운영체제 :** Windows XP SP3 이상
- **오피스 :** 한컴오피스 한글 2014

참고 사이트

- **한글과 컴퓨터** http://www.hancom.com
  한글과컴퓨터에서 출시된 제품군과 온라인 강좌 및 다양한 커뮤니티를 운영한다.
- **한컴 오피스 동영상 강좌** http://hancomoffice.sw96.net
  한글 2014 관련 동영상 강좌를 무료로 볼 수 있는 사이트다.
- **오피스 실무 카페** http://cafe.naver.com/ppt
  한글, 엑셀, 파워포인트 등의 오피스 프로그램 사용자를 위한 실무자 카페다.

목차

목차

목차

IT COOKBOOK

PART 1

한글 2014 기초

SECTION ---- IT COOKBOOK

01 한글 2014 기본 기능

한글 2014를 다루기 위한 기본적인 사용법에 대하여 알아본다. 한글을 시작하고 종료하는 방법과 한글의 기본 화면 구성 및 환경 설정에 대하여 살펴보고, 문서를 저장하고 불러오는 방법, 문서 편집 용지를 설정하고 인쇄하는 방법을 학습하며 한글을 다루는 데 필요한 기초 능력을 길러본다.

1.1 한글 시작과 종료

한글을 시작하고 종료하는 방법에는 여러 가지가 있다. 다양한 방법을 활용하여 한글을 시작하고 종료해보자.

▶ 준비파일 : 없음

실습 1-1 한글 시작하기

01 시작 메뉴에서 시작하기 작업 표시줄에서 [시작]을 클릭하고 [모든 프로그램] – [한글과컴퓨터] – [한컴오피스 2014] – [한컴오피스 한글 2014]를 선택하여 시작한다.

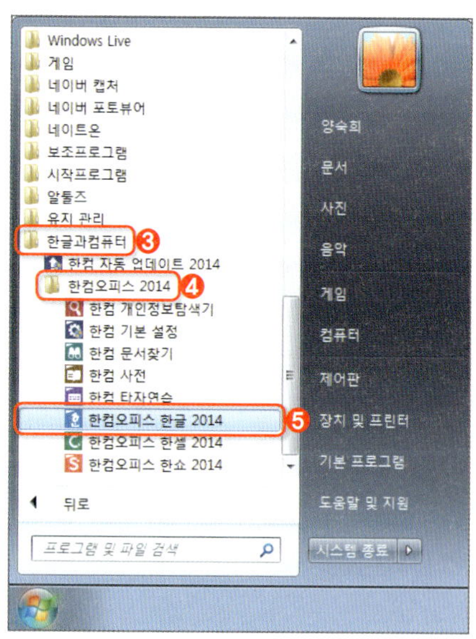

02 바로 가기 아이콘 이용하기 바탕 화면에 있는 [한컴오피스 한글 2014] 바로 가기 아이콘을 더블클릭하여 시작한다.

TIP [시작] - [모든 프로그램] - [한글과컴퓨터] - [한컴오피스 2014]를 선택한 후 [한컴오피스 한글 2014]를 Ctrl을 누른 채로 바탕 화면에 드래그하면 바로 가기 아이콘이 만들어진다.

03 한글 파일 더블클릭하기 이미 만들어져 있는 한글 파일을 더블클릭하여 시작한다.

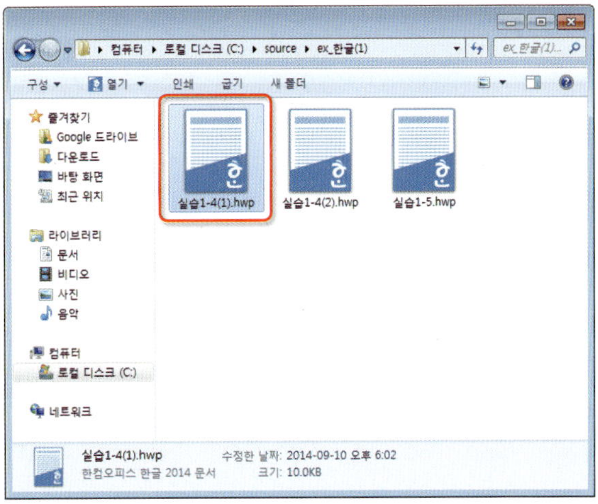

▶ 준비파일 : 없음

실습 1-2 한글 종료하기

01 파일 탭 이용하기 [파일] 탭을 누른 후 [끝]을 클릭하여 종료한다.

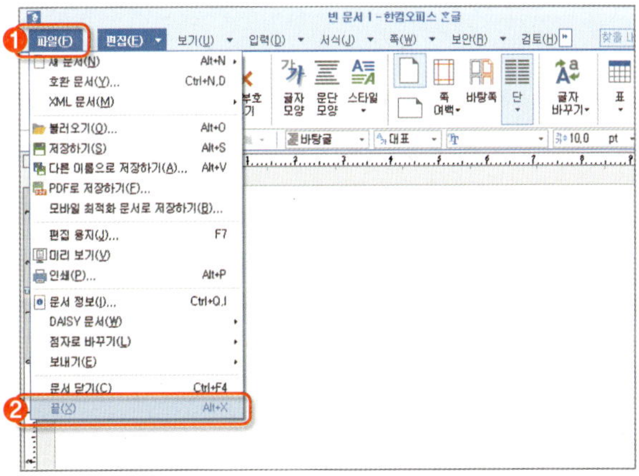

02 창 조절 버튼 이용하기 화면 우측 상단의 창 조절 버튼 중에서 [닫기 ×]를 클릭하여 종료한다.

03 단축키 이용하기 단축키 Alt + F4를 눌러 종료한다.

1.2 한글 기본 화면 구성과 환경 설정

문서를 쉽게 작성하려면 한글의 기본 화면 구성을 잘 파악해야 하며, 한글을 더욱 편리하게 사용하기 위해서는 환경을 설정하는 방법에 대해서도 알아야 한다. 한글의 기본 화면 구성과 환경 설정에 대하여 구체적으로 살펴보자.

한글 기본 화면 구성

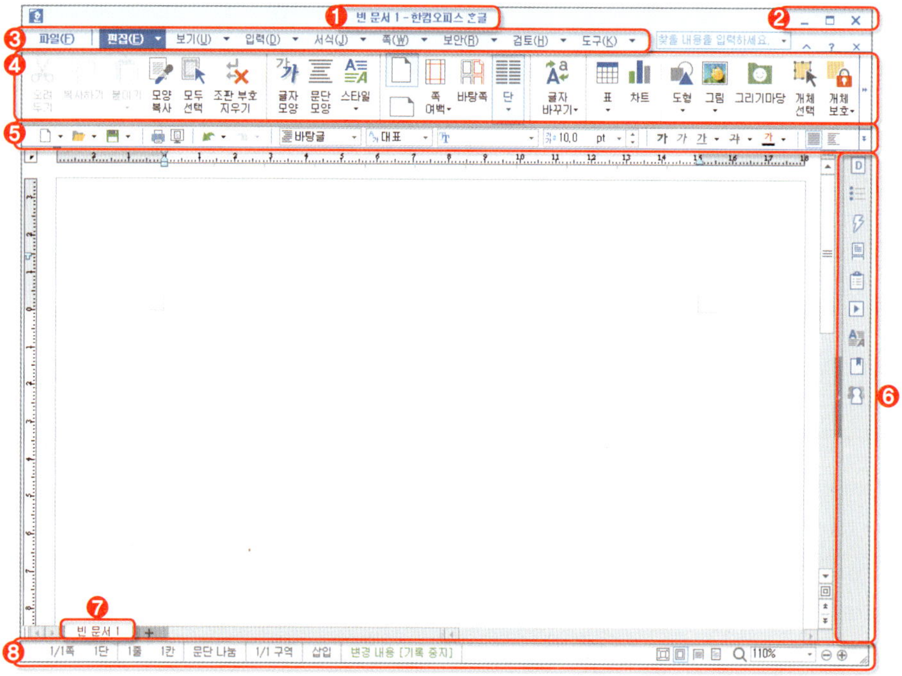

❶ **제목 표시줄** : 현재 작업 중인 문서의 경로와 파일명을 표시한다.

❷ **창 조절 버튼** : 프로그램 창 최소화, 최대화/이전 크기로 복원, 닫기 버튼으로 구성되어 있다.

❸ **메뉴 탭** : 파일, 편집, 보기, 입력, 서식, 쪽, 보안, 검토, 도구 등의 9개의 탭으로 구성되어 있다.

❹ **기본 도구 상자** : 각 메뉴에서 자주 사용하는 기능을 그룹별로 묶어서 아이콘 형식으로 제공한다.

❺ **서식 도구 상자** : 문서 편집 시 자주 사용하는 기능들을 작은 아이콘으로 모아 놓았으며, 문서를 쉽고 빠르게 편집할 수 있도록 도와준다.

❻ **작업 창** : 문서를 편리하게 작업할 수 있도록 여러 가지 도구를 모아 놓은 창이다.

❼ **문서 탭** : 현재 열려 있는 창의 문서 제목이 표시된다.

❽ **상태 표시줄** : 현재 작업 중인 문서의 상태를 표시하며, 문서 보기 방식과 화면 비율을 지정할 수 있다.

한컴 기본 설정

[시작] – [모든 프로그램] – [한글과컴퓨터] – [한컴오피스 2014]에서 [한컴 기본 설정]을 클릭하면 [한컴 기본 설정] 대화상자가 열린다. [한컴 기본 설정] 대화상자에서 [기본 값으로 설정]을 클릭하면 초기 환경 설정으로 되돌아가고, [사용자 설정]을 클릭하면 작업 폴더나 프로그램 테마 등을 설정할 수 있다.

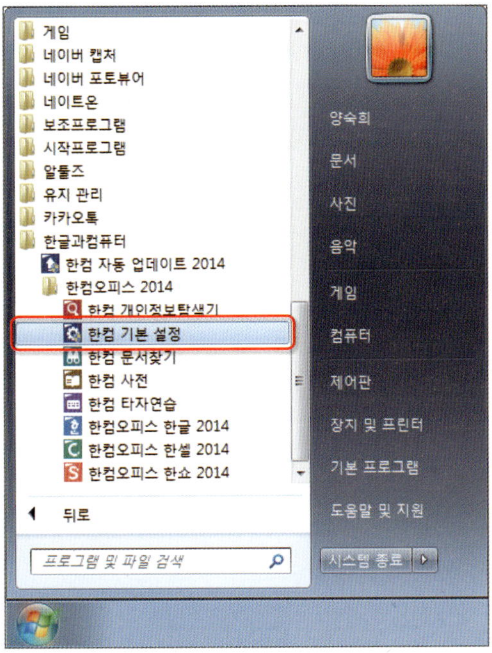

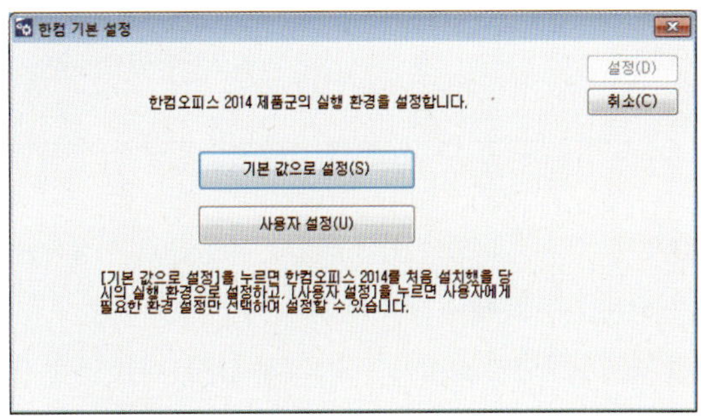

❶ **한글 탭** : 한글에서 파일을 저장할 때 기본적으로 표시되는 작업 폴더를 변경할 수 있다. [폴더 찾아보기] 대화상자에서 기본 저장 폴더를 지정한다.

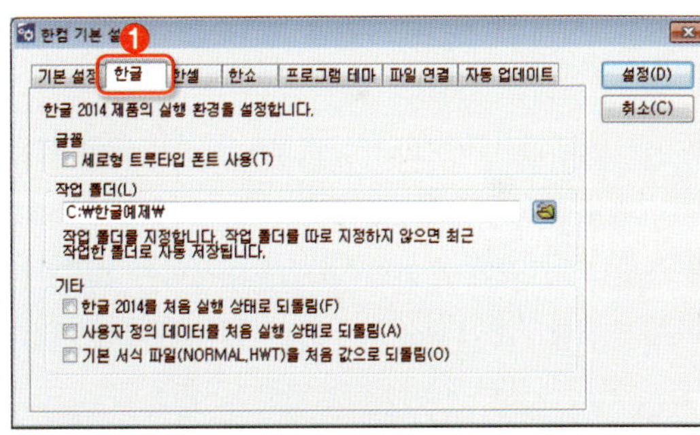

❷ **프로그램 테마 탭** : 한글의 스킨 및 도구 상자 등의 구성을 '한글과컴퓨터 오피스 2007 스타일'이나 'Microsoft Office 2010 스타일'로 변경할 수 있다.

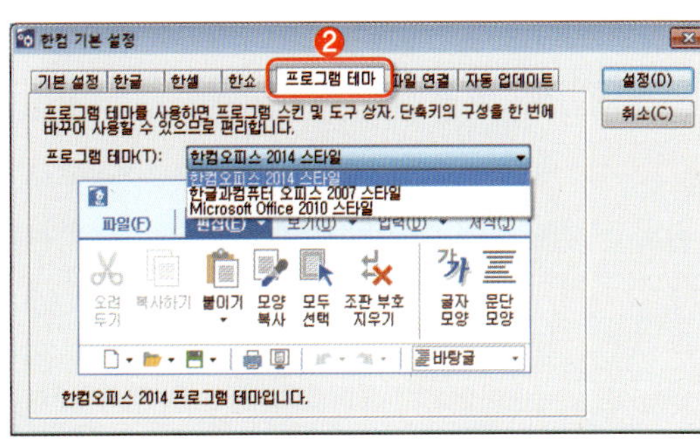

환경 설정

한글을 더욱 편리하게 이용할 수 있도록 사용자가 여러 가지 환경을 직접 설정할 수 있다. 환경 설정을 하기 위해 [도구] 탭에서 [환경 설정]을 선택하면 [환경 설정] 대화상자가 열린다. 이 대화상자에는 9개의 탭이 있으며 각각의 탭을 이용하면 다양한 환경 설정을 할 수 있다.

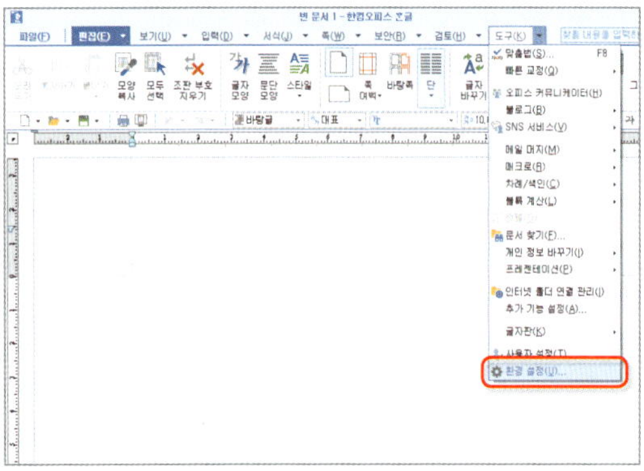

❶ **편집 탭** : 작업 중에 한글 파일을 자동으로 저장하는 시간 간격과 최근 문서 보이기 개수, 문서 편집에 사용되는 기능 등을 설정할 수 있다.

❷ **글꼴 탭** : 글꼴 보이기, 글꼴 목록 표시, 대표 글꼴 등록, 한글 전용 글꼴 검색 등 글꼴에 관련된 환경을 설정할 수 있다.

❸ **사용자 정보 탭** : 사용자 이름, 회사 이름 등 개인 정보를 등록할 수 있으며, 여기서 등록한 개인 정보는 문서마당 등에서 사용할 수 있다.

❹ **코드 형식 탭** : 텍스트 문서, HTML 문서를 읽고 저장하는 방법과 편지나 웹 브라우저로 보내기 등 코드 형식에 관련된 환경을 설정할 수 있다.

❺ **개체 탭** : 그림이나 그리기 도구를 이용하여 삽입된 개체에 대한 환경을 설정할 수 있다.

❻ **새 문서 탭** : 새 문서에 대한 환경, 즉 메뉴에서 [파일] 탭 – [새 문서]를 실행했을 때 나타나는 편집 용지의 종류, 크기, 방향, 여백 등을 설정할 수 있다.

❼ **파일 위치 탭** : 매크로와 상용구 파일을 불러와서 사용할 수 있으며 사용자 정의 데이터를 불러오거나 저장할 수 있다.

❽ **금칙 처리 탭** : 기본 금칙 문자를 기본 값이나 사용자 설정 값으로 지정할 수 있다.

❾ **기타 탭** : 문서 편집에 사용되는 맞춤법, 프로그램 종료 방법, 하이퍼링크, PDF 드라이버 선택, 단위 표시, 악성코드 차단 등에 관련된 다양한 설정을 할 수 있다.

1.3 한글 문서 관리

한글을 실행하면 기본적으로 빈 문서가 만들어지고, 문서 창에 내용을 입력하여 새로운 문서를 작성할 수 있다. 한글 문서를 저장하고 불러오는 방법과 문서에 암호를 설정하는 방법 등 한글 문서를 관리하는 방법을 알아보자.

▶ 준비파일 : 없음

실습 1-3 문서 저장하기

다음 내용을 입력하고 한글 문서로 저장해보자.

미소가 아름다운 사람 작성자 : 나미소 하루에 몇 번이나 웃으십니까? 또 몇 번이나 찡그리십니까? 타고난 용모는 부모님을 탓할 수 있지만 표정이 어두운 건 자신의 책임입니다. 표정이란 스스로 만들어 가는 얼굴의 거울이기 때문입니다. 거창하지는 않지만 함께 살아가는 공간을 조금이라도 밝게 만드는 미소 그 미소야말로 자신의 마음을 가꾸는 화장법이며 진정 남을 위한 작은 배려가 아닐까요. 마음까지 환해지는 화장법, 세상이 밝아지는 화장법은 영원히 지워지지 않는 미소입니다. 미소가 아름다운 사람은 영원히 잊히지 않습니다.

01 한글을 실행하고 빈 문서에 위 박스에 있는 내용을 입력한다.

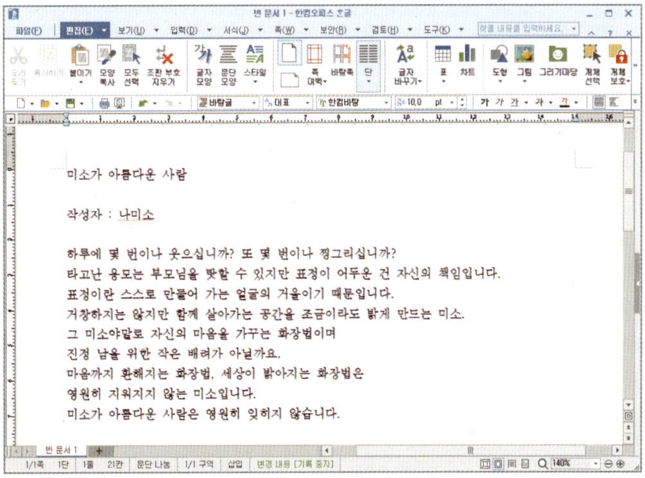

02 입력을 완료했으면 파일을 저장하기 위해 [파일] 탭 – [저장하기]를 클릭한다.

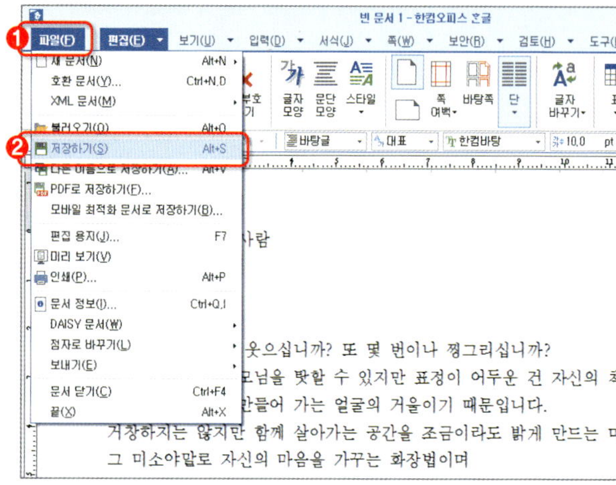

TIP 서식 도구 상자의 [저장하기]를 클릭하거나 단축키 Alt + S를 눌러도 문서를 저장할 수 있다.

03 [다른 이름으로 저장하기] 대화상자가 열리면 저장할 위치를 지정하고 [파일 이름] 입력란에 '실습1-3(완성)'이라고 입력한 후 [저장]을 클릭하거나 Enter를 누른다.

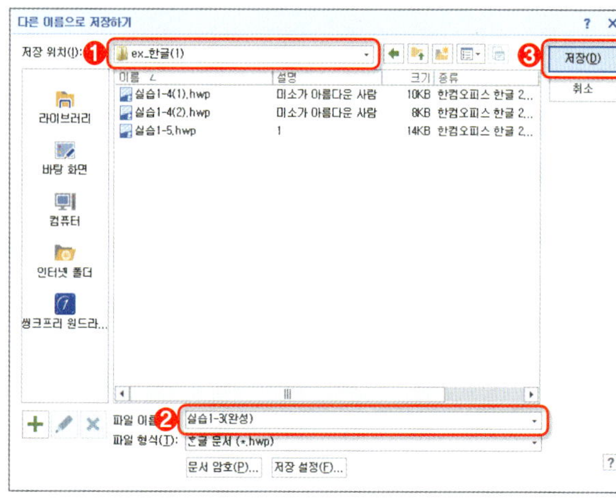

NOTE 다양한 파일 형식으로 저장하기

- [다른 이름으로 저장하기] 대화상자에서 [파일 형식]을 클릭하면 한글에서 저장할 수 있는 다양한 파일 형식 목록이 열린다. 이 중에서 원하는 파일 형식을 선택하고 [저장]을 클릭한다.
- 한글에서 저장할 수 있는 대표적인 파일 형식은 워드 문서, 텍스트 문서, 인터넷 문서 등이 있다.
- 한글 2002부터는 저장한 파일을 한글 97에서 불러올 수 없기 때문에 '한글 문서(97~3.0)' 형식으로 저장해야 한글 97이나 그 이전 버전에서 불러올 수 있다.

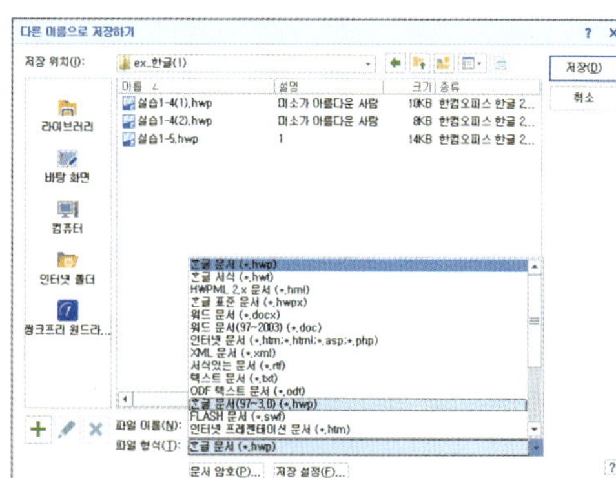

NOTE 문서 암호 설정하기

중요한 문서라면 문서에 암호를 설정하는 것이 좋다. 암호를 설정한 문서는 암호를 입력해야만 열 수 있으며 미리 보기에도 나타나지 않는다. 문서 암호는 [다른 이름으로 저장하기] 대화상자에서 [문서 암호]를 클릭하면 설정할 수 있다.

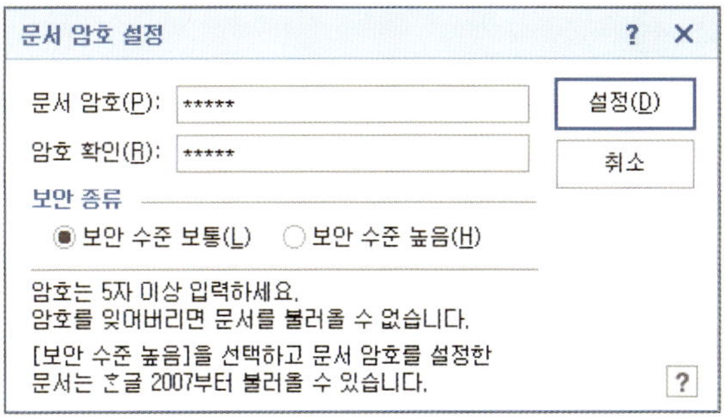

▶ 준비파일 : 실습1-4(1).hwp, 실습1-4(2).hwp

실습 1-4 문서 불러오기

| 단계 1 | 문서 불러오기

01 한글을 실행하고 [파일] 탭 – [불러오기]를 클릭한다.

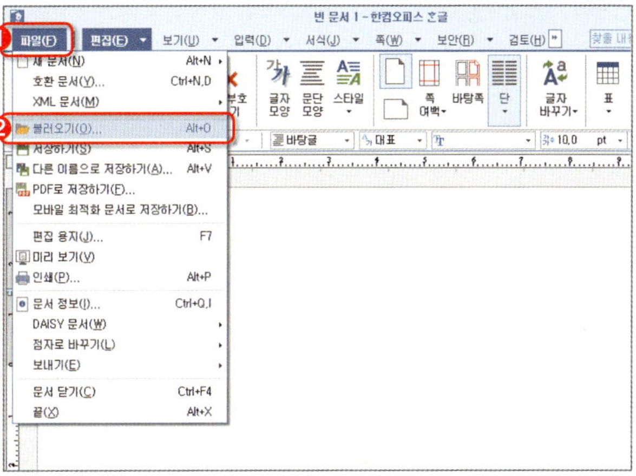

TIP 서식 도구 상자에서 [불러오기]를 클릭하거나 단축키 Alt + O를 눌러도 문서를 불러올 수 있다.

02 [불러오기] 대화상자에서 실습 파일이 저장된 폴더를 열고 '실습1-4(1).hwp' 파일을 선택한 후 [열기]를 클릭하거나 Enter를 누른다.

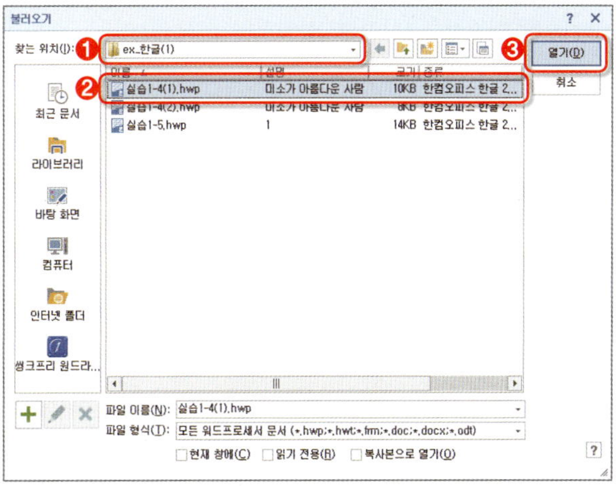

03 다음과 같이 문서가 열린다. 제목 표시줄과 문서 탭에 파일 이름이 표시된 것을 확인할 수 있다.

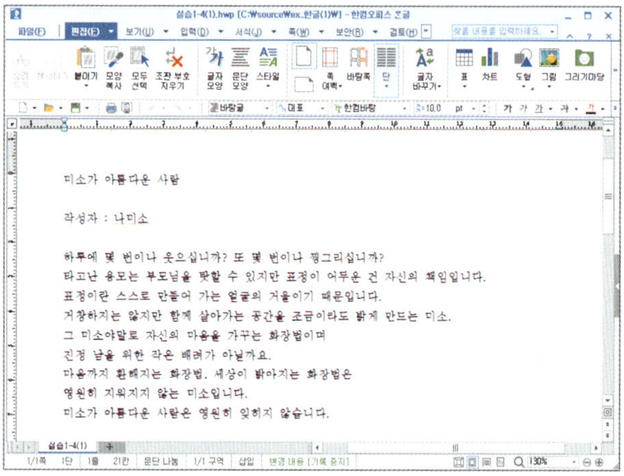

| 단계 2 | 암호가 설정된 파일 불러오기

01 [파일] 탭 – [불러오기]를 클릭하고 [불러오기] 대화상자가 열리면 실습 파일이 저장된 폴더를 열어 '실습1-4(2).hwp' 파일을 선택한 후 [열기]를 클릭한다.

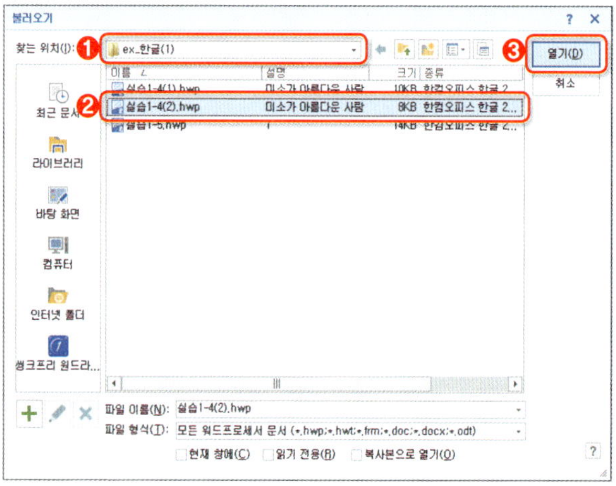

02 암호가 설정되어 있는 파일이므로 [문서 암호] 대화상자가 열린다. [현재 암호]에 '12345'를 입력하고 [확인]을 클릭하여 문서를 불러온다.

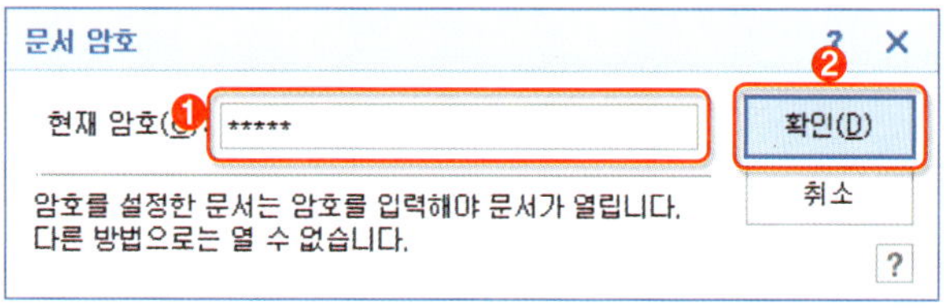

TIP 암호가 설정된 문서에서 [다른 이름으로 저장하기] 대화상자를 열고 [문서 암호]를 클릭하면 [문서 암호 설정] 대화상자가 나타난다. 여기서 암호를 변경하거나 보안 수준을 조절할 수 있다.

NOTE 불러오기 위치 설정하기

[환경 설정] 대화상자에서 불러올 문서를 어떻게 열 것인지 사용자가 직접 설정할 수 있다. [환경 설정] 대화상자를 열고 [편집] 탭의 [불러오기]에서 설정하면 된다.

- **[새 창으로]** : 한글이 새로 실행되면서 문서가 열린다.
- **[현재 창에 새 탭으로]** : 작업 중인 한글에 새 탭이 만들어지면서 문서가 열린다.

1.4 한글 문서 인쇄

작성한 문서의 편집 용지 여백을 설정하는 방법과 인쇄하는 방법을 살펴보자. 원하는 출력물을 얻기 위해서는 [미리 보기]와 [인쇄] 대화상자에서 선택 사항들이 올바르게 체크되었는지 확인해야 한다.

▶ 준비파일 : 실습1-5.hwp

실습 1-5 한글 문서 인쇄하기

| 단계 1 | 편집 용지 설정하기

01 '실습1-5.hwp' 파일을 불러오고 [쪽] 메뉴 – [편집 용지]를 클릭한다.

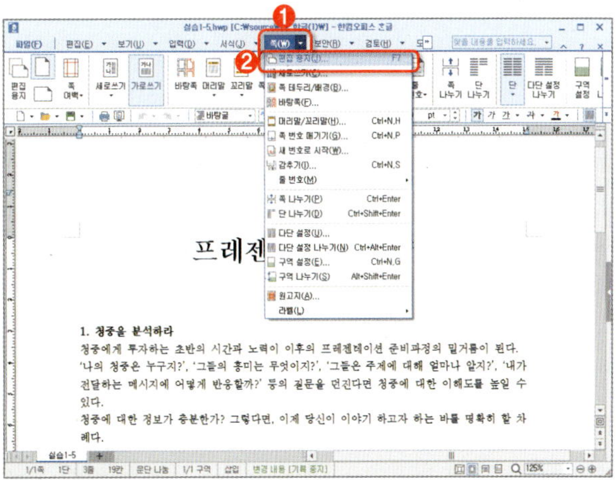

TIP 단축키 F7을 누르거나 [쪽] 탭의 기본 도구 상자에 위치한 [편집 용지]를 클릭해도 된다.

02 [편집 용지] 대화상자에서 [기본] 탭의 [용지 여백]을 다음과 같이 지정한 후 [설정]을 클릭한다.

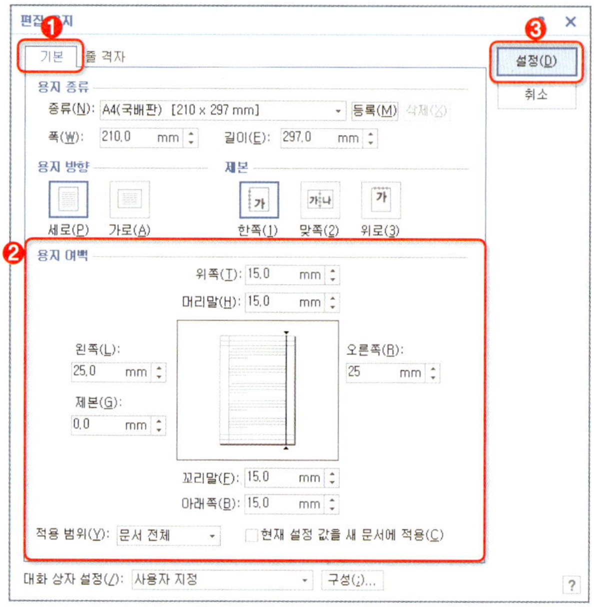

| 단계 2 | 문서 인쇄하기

01 [파일] 탭 – [미리 보기]를 클릭한다.

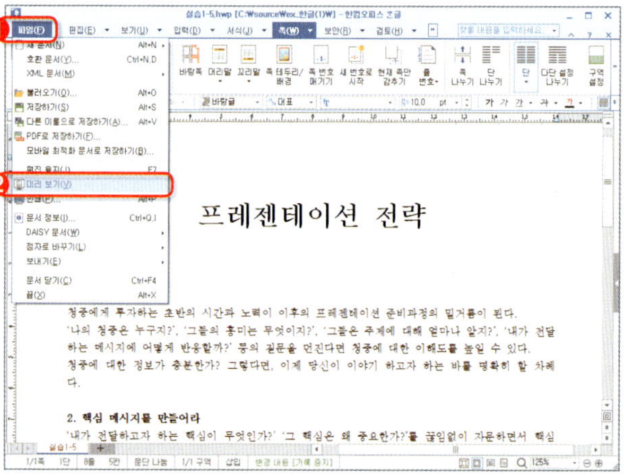

02 다음과 같이 [미리 보기] 창이 열리면 문서 전체의 형태를 한눈에 확인할 수 있다. 알맞게 설정되었는지 확인한 후 [미리 보기] 도구 상자에서 [인쇄]를 클릭한다.

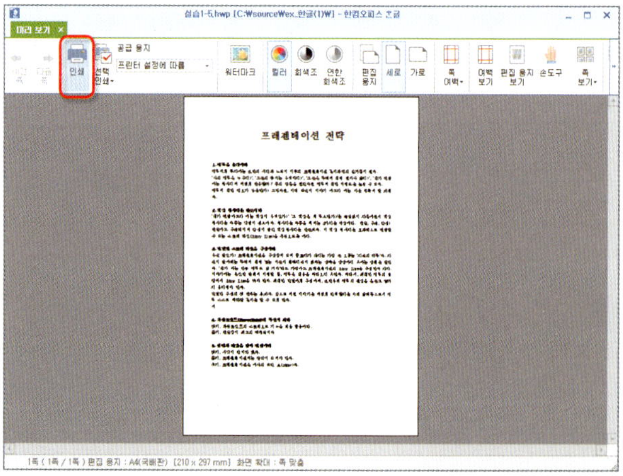

03 [인쇄] 대화상자가 열리면 [인쇄]를 클릭한다.

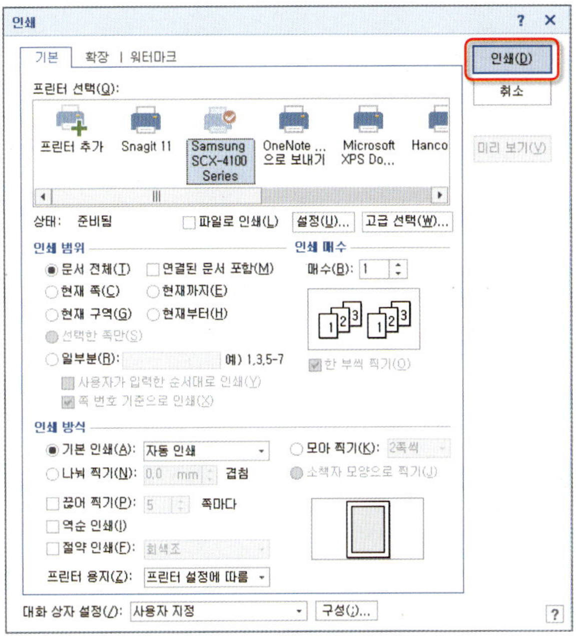

NOTE [미리 보기] 도구 상자

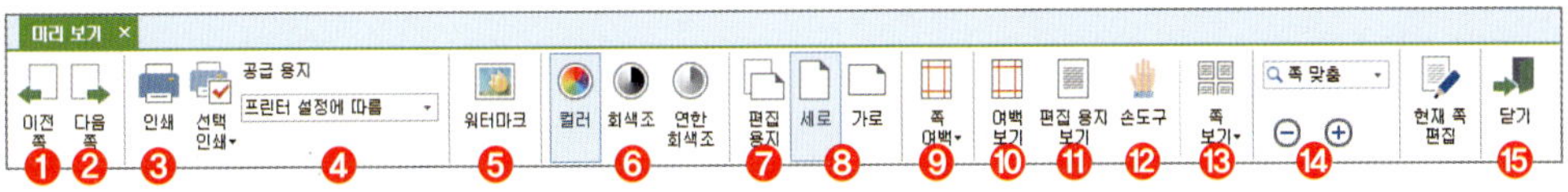

❶ **이전 쪽** : 현재 쪽의 이전으로 이동한다.

❷ **다음 쪽** : 현재 쪽의 다음으로 이동한다.

❸ **인쇄** : [인쇄] 대화상자를 연다.

❹ **공급 용지** : 프린터에 공급되는 용지를 선택한다.

❺ **워터마크** : 인쇄할 때만 적용되어 나타나며, 그림 워터마크 및 글자 워터마크를 설정할 수 있다.

❻ **컬러/회색조/연한 회색조** : 미리 보기 화면과 인쇄물을 원본 색상 그대로/회색조/연한 회색조로 선택하여 출력할 수 있다.

❼ **편집 용지** : 편집 용지의 방향, 용지 여백 등을 설정할 수 있도록 [편집 용지] 대화상자가 나타난다.

❽ **세로/가로** : 용지 방향을 세로나 가로로 선택한다.

❾ **쪽 여백** : 미리 설정된 용지 여백의 크기로 변경할 수 있다.

❿ **여백 보기** : [편집 용지] 대화상자에서 지정한 여백을 빨강색 점선으로 표시한다.

⓫ **편집 용지 보기** : [편집 용지] 대화상자에서 지정한 용지 종류의 크기를 초록색 선으로 표시한다.

⓬ **손도구** : 확대를 하여 현재 창에서 안 보이는 부분으로 자유롭게 이동할 수 있다.

⓭ **쪽 보기** : 쪽 보기 방식(쪽 맞춤, 맞쪽, 여러 쪽)을 설정한다.

⓮ **확대/축소** : 화면 확대 비율을 선택한다.

⓯ **닫기** : 인쇄 미리 보기 화면을 닫고 편집 창으로 되돌아간다.

요약

IT COOKBOOK

1 한글 시작

- **시작 메뉴에서 시작하기** : 작업 표시줄에서 [시작]을 클릭하고 [모든 프로그램] – [한글과컴퓨터] – [한컴오피스 2014] – [한컴오피스 한글 2014]를 선택하여 시작한다.
- **바로 가기 아이콘 이용하기** : 바탕 화면에 있는 [한컴오피스 한글 2014] 바로 가기 아이콘을 더블클릭하여 시작한다.
- **한글 파일 더블클릭하기** : 이미 만들어져 있는 한글 파일을 더블클릭하여 시작한다.

2 한글 종료

- **파일 탭 이용하기** : [파일] 탭을 누른 후 [끝]을 클릭하여 종료한다.
- **창 조절 버튼 이용하기** : 화면 우측 상단의 창 조절 버튼 중에서 [닫기]를 클릭하여 종료한다.
- **단축키 이용하기** : 단축키 Alt + F4를 눌러 종료한다.

3 한글 문서 관리

- **저장하기** : [파일] 탭 – [저장하기]를 선택하거나 서식 도구 상자의 [저장하기]를 클릭한다.
- **다른 이름으로 저장하기** : 파일 이름이나 저장 위치, 파일 형식을 변경하여 저장하려면 [파일] 탭 – [다른 이름으로 저장하기]를 선택한다.
- **불러오기** : [파일] 탭 – [불러오기]를 선택하거나 서식 도구 상자의 [불러오기]를 클릭한다.

4 한글 문서 인쇄

- **편집 용지 설정하기** : [쪽] 메뉴 – [편집 용지]를 클릭하거나 단축키 F7을 누른다.
- **문서 인쇄하기** : [파일] 탭 – [미리 보기]를 클릭하여 문서의 형태를 확인한 후 도구 상자에서 [인쇄]를 선택한다. [인쇄] 대화상자가 열리면 인쇄 옵션을 설정하고 [인쇄]를 클릭한다.
- **단축키 이용하기** : 단축키 Alt + P를 누른다.

연습문제

IT COOKBOOK

1 새 문서를 열어 다음 데이터를 입력한 후 아래 조건에 맞게 완성하고 '연습1-1(완성).hwp'로 저장하시오.

| 조건 | ▶ 준비파일 : 없음

① 문서의 여백을 적절하게 지정한 후 문서를 인쇄하시오.

② 저장할 때 암호를 '12345'로 설정하시오.

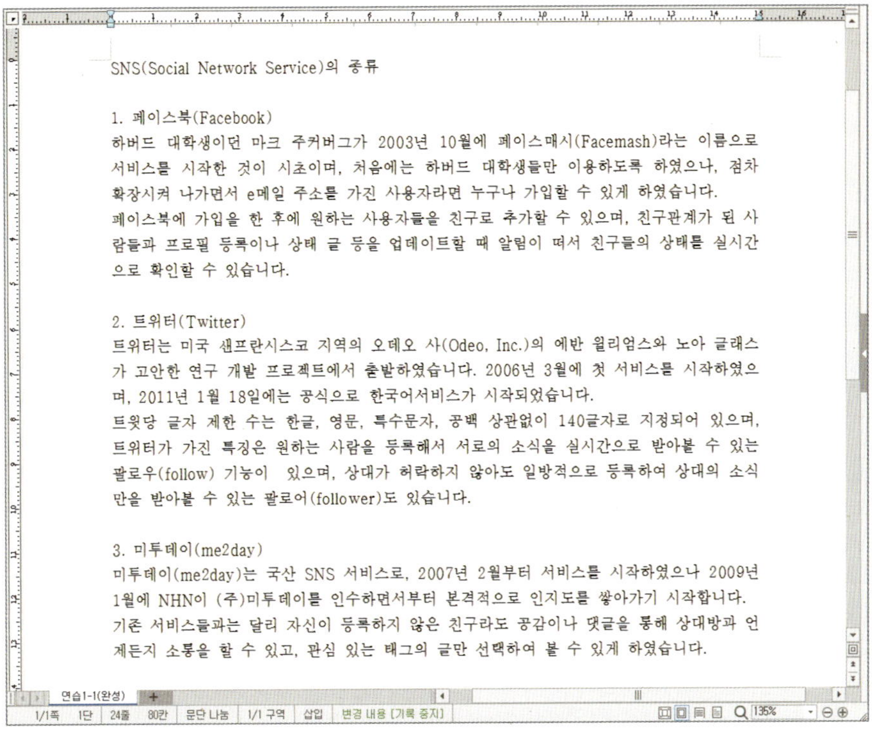

SNS(Social Network Service)의 종류

1. 페이스북(Facebook)
하버드 대학생이던 마크 주커버그가 2003년 10월에 페이스매시(Facemash)라는 이름으로 서비스를 시작한 것이 시초이며, 처음에는 하버드 대학생들만 이용하도록 하였으나, 점차 확장시켜 나가면서 e메일 주소를 가진 사용자라면 누구나 가입할 수 있게 하였습니다.
페이스북에 가입을 한 후에 원하는 사용자들을 친구로 추가할 수 있으며, 친구관계가 된 사람들과 프로필 등록이나 상태 글 등을 업데이트할 때 알림이 떠서 친구들의 상태를 실시간으로 확인할 수 있습니다.

2. 트위터(Twitter)
트위터는 미국 샌프란시스코 지역의 오데오 사(Odeo, Inc.)의 에반 윌리엄스와 노아 글래스가 고안한 연구 개발 프로젝트에서 출발하였습니다. 2006년 3월에 첫 서비스를 시작하였으며, 2011년 1월 18일에는 공식으로 한국어서비스가 시작되었습니다.
트윗당 글자 제한 수는 한글, 영문, 특수문자, 공백 상관없이 140글자로 지정되어 있으며, 트위터가 가진 특징은 원하는 사람을 등록해서 서로의 소식을 실시간으로 받아볼 수 있는 팔로우(follow) 기능이 있으며, 상대가 허락하지 않아도 일방적으로 등록하여 상대의 소식만을 받아볼 수 있는 팔로어(follower)도 있습니다.

3. 미투데이(me2day)
미투데이(me2day)는 국산 SNS 서비스로, 2007년 2월부터 서비스를 시작하였으나 2009년 1월에 NHN이 (주)미투데이를 인수하면서부터 본격적으로 인지도를 쌓아가기 시작합니다.
기존 서비스들과는 달리 자신이 등록하지 않은 친구라도 공감이나 댓글을 통해 상대방과 언제든지 소통을 할 수 있고, 관심 있는 태그의 글만 선택하여 볼 수 있게 하였습니다.

연습1-1(완성) | 1/1쪽 | 1단 | 24줄 | 80칸 | 문단 나눔 | 1/1 구역 | 삽입 | 변경 내용 [기록 중지] | 135%

2 다음 기능에 해당하는 한글의 단축키를 쓰시오.

① 문서 저장하기 :

② 문서 불러오기 :

③ 문서 인쇄하기 :

④ 편집 용지 설정하기 :

⑤ 한글 종료하기 :

SECTION ---- IT COOKBOOK

02 문서 입력과 편집

이 장에서는 키보드로 직접 입력할 수 없는 다양한 기호와 한자를 입력하는 방법과 글자 겹치기에 대하여 알아본다. 또한 블록으로 영역을 설정한 후 블록으로 설정된 내용을 복사하여 붙여 넣거나 잘라내어 이동하는 방법과 같은 문서를 편집하는 다양한 방법에 대하여 학습한다.

2.1 특수문자 입력과 글자 겹치기

키보드로 입력할 수 있는 문자는 한계가 있지만 한글에서는 특수한 문자나 기호를 입력하는 다양한 방법이 있다. 특수문자를 입력하는 방법과 도형 안에 문자를 입력하는 글자 겹치기에 대해서도 알아보자.

▶ 준비파일 : 실습2-1.hwp

실습 2-1 특수문자 입력하기

01 '실습2-1.hwp' 파일을 불러온 후 특수문자를 입력할 제목의 맨 앞부분에 커서를 위치시키고 [입력] 메뉴 – [문자표]를 클릭한다.

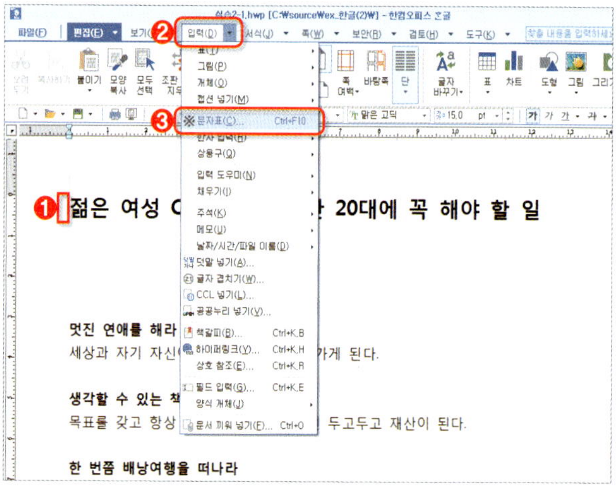

NOTE 문서 편집 키

- 문단 바꾸기 : Enter
- 띄어쓰기 : Space Bar
- 앞쪽 글자 지우기 : Back Space
- 뒤쪽 글자 지우기 : Delete
- 줄 전체 지우기 : Ctrl + Y
- 되돌리기 : Ctrl + Z
- 다시 실행 : Ctrl + Shift + Z

02 [문자표 입력] 대화상자가 열리면 [한글 문자표] 탭 – [전각 기호(일반)] 항목에서 '☆'을 선택한 후 [넣기]를 클릭한다.

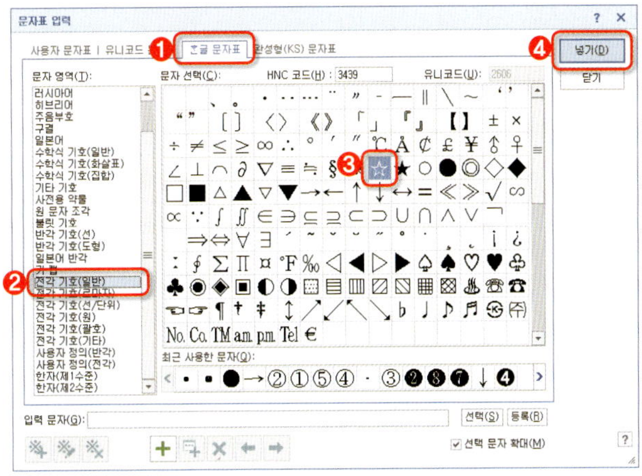

03 커서가 있는 위치에 ☆ 기호가 입력된다. 이번에는 제목 아래 줄에 커서를 위치시킨 후 [편집] 도구 상자 – [문자표]의 목록 단추를 클릭하고 [문자표]를 선택한다.

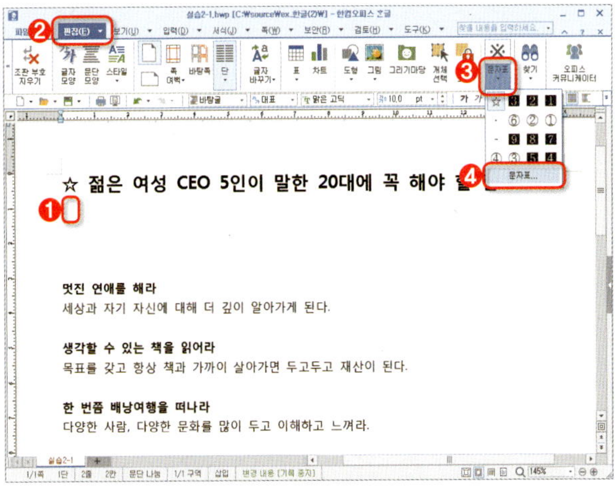

04 [문자표 입력] 대화상자의 [한글 문자표] 탭에서 [불릿 기호]를 선택한다. 여러 개의 기호를 한꺼번에 입력하기 위해 기호를 하나씩 선택하고 [선택]을 클릭한다. 반복해서 기호를 선택한 후 [넣기]를 클릭한다.

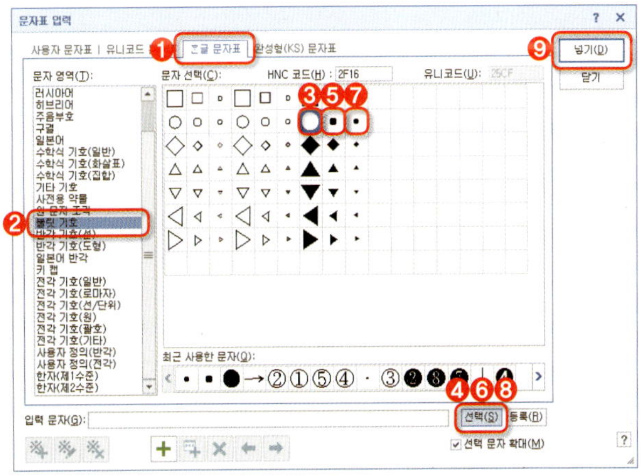

TIP [Space Bar]를 누르거나 넣고자 하는 기호를 더블클릭해도 된다.

05 제목 아래 줄에 선택한 특수문자가 한 번에 입력된다. 문서의 다른 부분에도 다음과 같이 특수문자를 입력하여 완성한다.

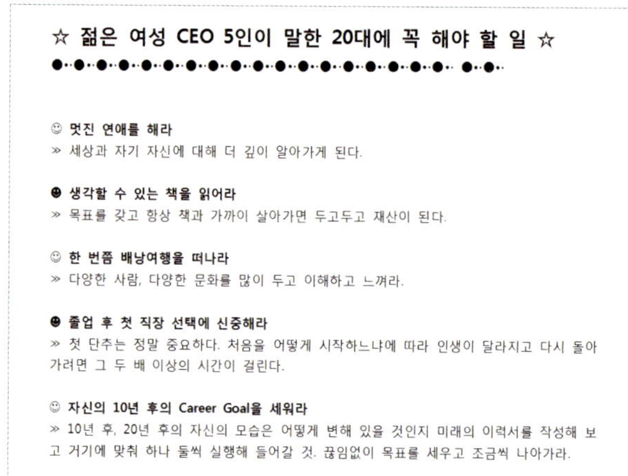

☆ 젊은 여성 CEO 5인이 말한 20대에 꼭 해야 할 일 ☆

●·· ●··●··

☺ **멋진 연애를 해라**
» 세상과 자기 자신에 대해 더 깊이 알아가게 된다.

☻ **생각할 수 있는 책을 읽어라**
» 목표를 갖고 항상 책과 가까이 살아가면 두고두고 재산이 된다.

☺ **한 번쯤 배낭여행을 떠나라**
» 다양한 사람, 다양한 문화를 많이 두고 이해하고 느껴라.

☻ **졸업 후 첫 직장 선택에 신중해라**
» 첫 단추는 정말 중요하다. 처음을 어떻게 시작하느냐에 따라 인생이 달라지고 다시 돌아가려면 그 두 배 이상의 시간이 걸린다.

☺ **자신의 10년 후의 Career Goal을 세워라**
» 10년 후, 20년 후의 자신의 모습은 어떻게 변해 있을 것인지 미래의 이력서를 작성해 보고 거기에 맞춰 하나 둘씩 실행해 들어갈 것. 끊임없이 목표를 세우고 조금씩 나아가라.

NOTE 특수문자를 입력하는 다양한 방법

- [입력] 도구 상자에서 [문자표]를 클릭하면 특수문자를 입력할 수 있다.

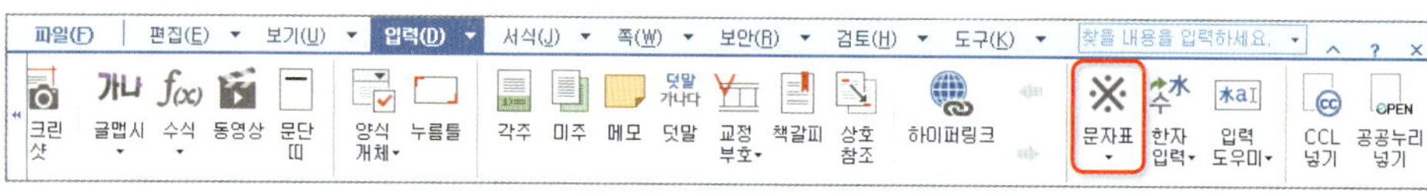

- [편집] 도구 상자에서 [문자표]를 클릭하면 특수문자를 입력할 수 있다.

- 단축키 Ctrl + F10을 누르면 열리는 [문자표 입력] 대화상자에서 특수문자를 입력할 수 있다.

▶ 준비파일 : 실습2-2.hwp

실습 2-2 글자 겹치기

01 '실습2-2.hwp' 파일을 불러온 후 '류현진의 등번호' 뒤에 커서를 위치시키고 [입력] 도구 상자 – [입력 도우미] – [글자 겹치기]를 클릭한다.

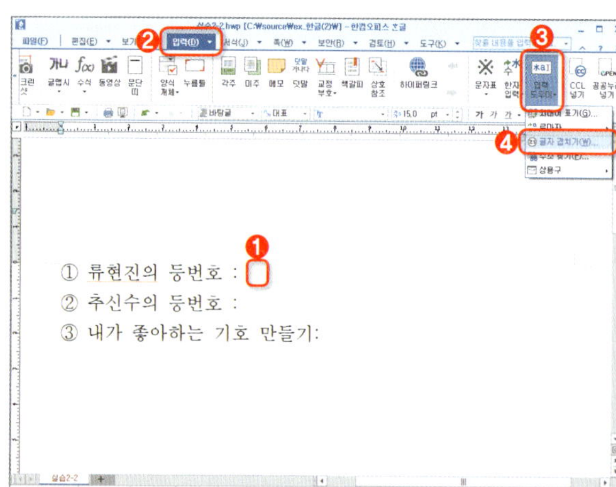

TIP [입력] 메뉴 – [글자 겹치기]를 클릭해도 된다.

02 [글자 겹치기] 대화상자가 열리면 [겹쳐 쓸 글자]에 '99'를 입력하고 [모양과 겹치기]의 '원문자'를 선택한다. [글자 크기 조절]은 '80%'로 선택하고 [넣기]를 클릭한다.

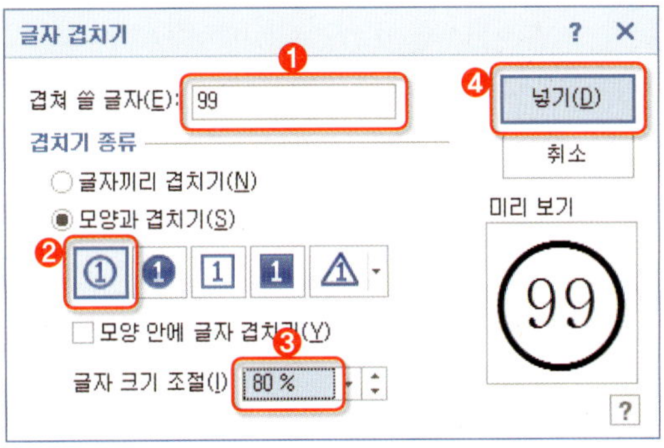

03 '추신수의 등번호' 뒤에 커서를 위치시키고 [글자 겹치기] 대화상자에서 [겹쳐 쓸 글자]에 '17', [모양과 겹치기]는 '반전된 사각형 문자', [글자 크기 조절]은 '100%'를 선택하고 [넣기]를 클릭한다.

04 '내가 좋아하는 기호 만들기' 아래 줄에 커서를 위치시키고 [글자 겹치기] 대화상자를 연 후 [겹쳐 쓸 글자]의 입력란에 커서를 놓고 Ctrl + F10 을 누른다.

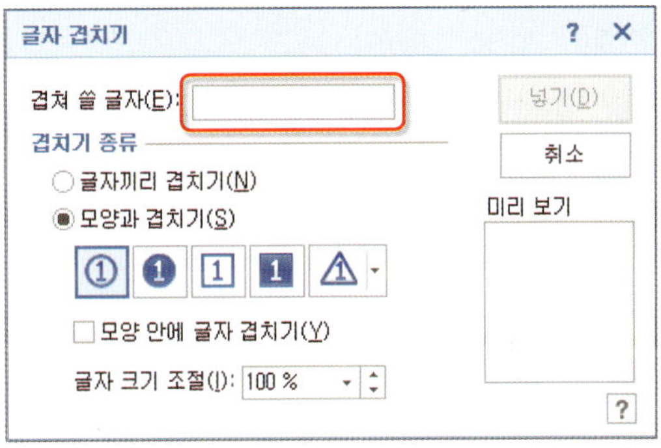

05 [문자표 입력] 대화상자가 열리면 '♡'를 선택하고 [넣기]를 클릭한다. [글자 겹치기] 대화상자에서 [모양과 겹치기]의 '기타 문자' 중 다음 기호를 선택하고 [넣기]를 클릭한다.

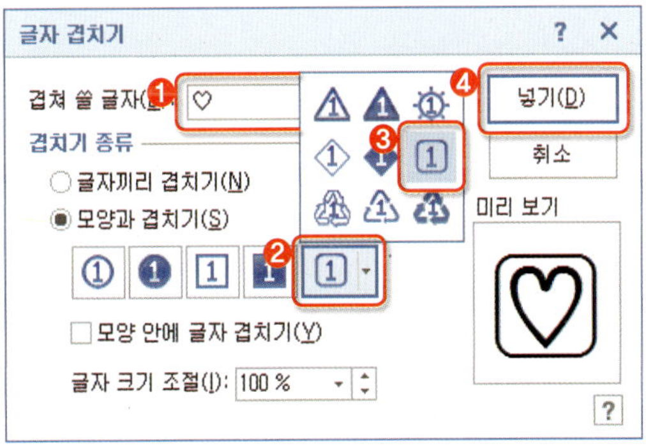

06 같은 방법으로 [글자 겹치기]를 이용하여 여러 기호를 만들어 삽입한다.

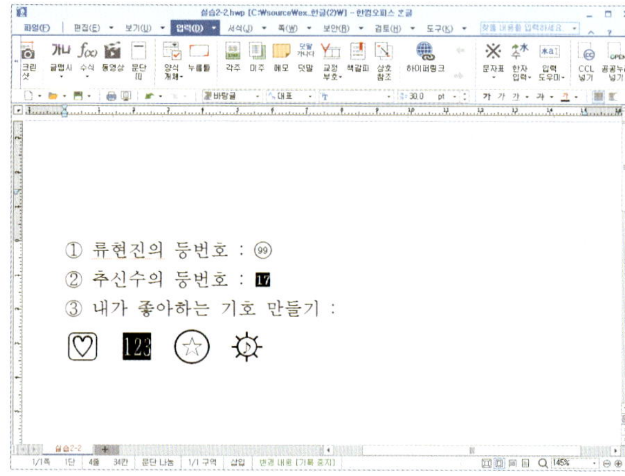

2.2 한자 입력과 등록

한글의 음을 이용하여 한자로 변환하는 방법과 한자의 뜻과 음 또는 부수/총획수로 한자를 입력하는 방법을 알아보자. 또한 새로운 한자 단어나 고사성어를 등록하는 방법에 대하여 학습하자.

▶ 준비파일 : 없음

실습 2-3 한자 입력하기

| 단계 1 | 한자로 변환하기

01 새 문서를 열고 '대한민국'을 입력한 후 단어 뒤에 커서를 두고 [입력] 메뉴 – [한자 입력] – [한자로 바꾸기]를 클릭한다.

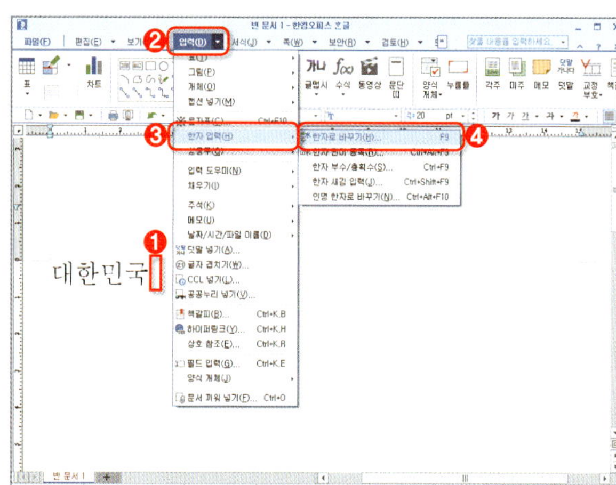

NOTE 다양한 한자 입력 방법

- [입력] 도구 상자 – [한자 입력] – [한자로 바꾸기]를 클릭한다.
- 단축키 F9를 누른다.
- 키보드에서 한자를 누른다.

02 [한자로 바꾸기] 대화상자에서 [입력 형식]을 '한글(漢字)'로 선택한 후 [바꾸기]를 클릭한다.

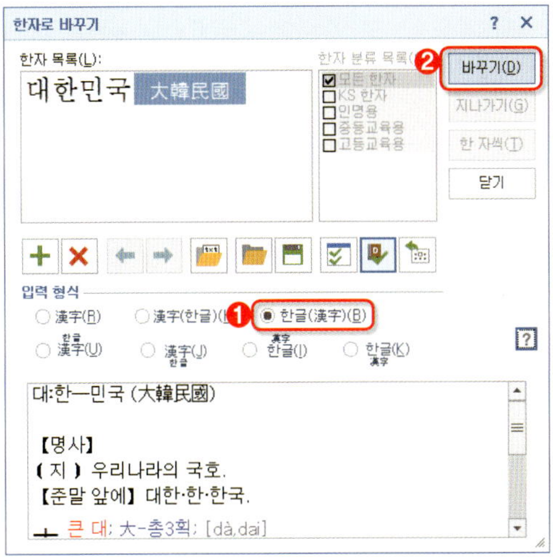

TIP 한자 변환은 커서 위치에 따라 글자 또는 낱말 단위로 실행된다. 변경된 한자 뒤에서 F9를 누르면 커서 왼쪽의 한 자가 다시 한글로 변경된다.

NOTE [한자로 바꾸기] 대화상자

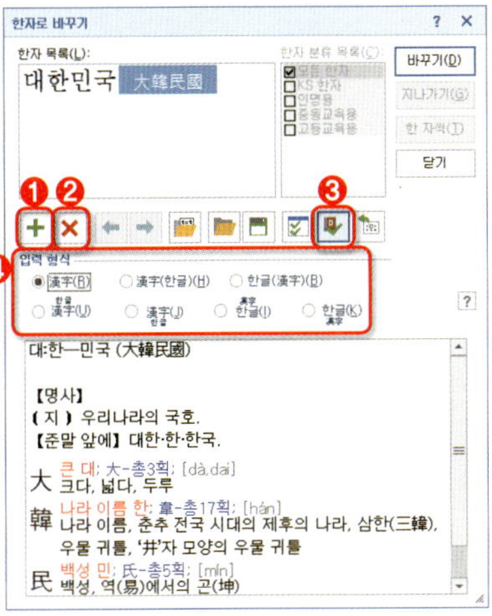

❶ **한자 단어 등록** : 자주 쓰는 한자 단어가 사전에 등록되어 있지 않은 경우에 그 단어를 한자 단어 사전에 추가로 등록하여 사용할 수 있다.

❷ **단어 지우기** : 한자 사전에 등록된 단어를 삭제할 수 있다.

❸ **자전 보이기** : 선택한 한자의 뜻과 음, 부수, 획수, 중국어 발음 기호 등 한자 자전을 뜻풀이 상자에 보여주기 때문에 원하는 한자를 쉽고 정확하게 선택할 수 있도록 도와준다.

❹ **입력 형식** : 한글을 한자로 바꾸는 경우에 어떤 모양으로 바꿀지 입력 형식을 다양하게 지정할 수 있다.

| 단계 2 | 한자 새김으로 한자 입력하기

01 새 문서를 열고 [입력] 메뉴 – [한자 입력] – [한자 새김 입력]을 클릭한다.

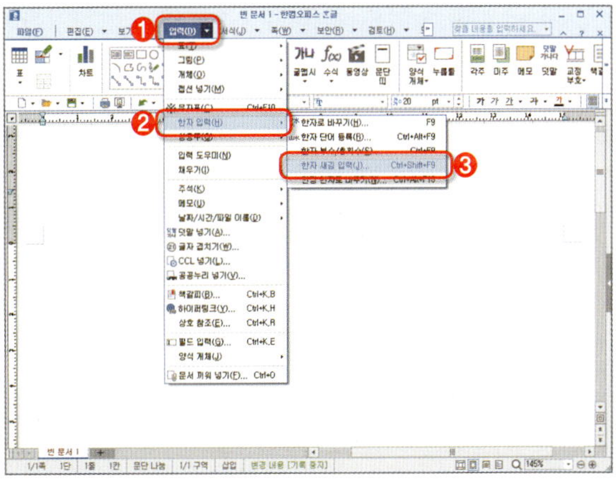

02 [한자 새김 입력] 대화상자의 [뜻과 음] 입력란에 '배울학'을 입력하고 [넣기]를 누른다.

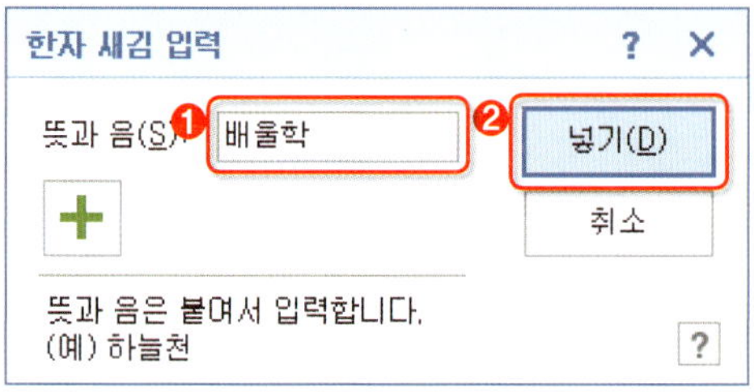

03 뜻과 음에 해당하는 한자가 다음과 같이 입력된다. 동일한 방법으로 '가르칠교'에 해당하는 한자를 넣어보자.

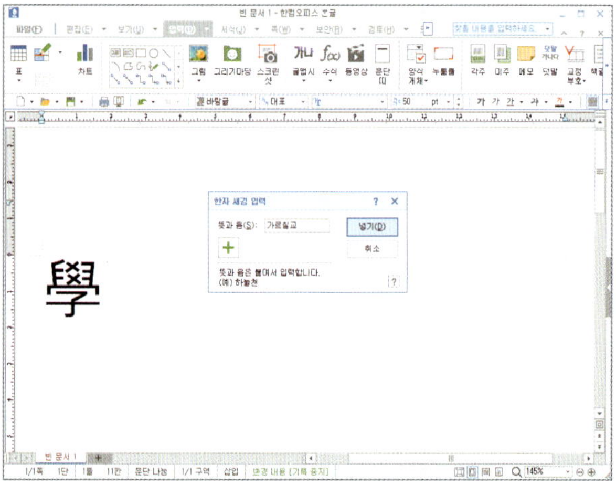

> **NOTE 한자 부수/총획수로 한자 입력하기**
>
> 모르는 한자는 [입력] 메뉴 – [한자 입력] – [한자 부수/총획수]를 선택하여 [한자 부수/총획수로 입력] 대화상자가 열리면 부수와 총획수를 이용하여 한자를 입력할 수 있다. 부수를 알고 있는 한자는 해당 부수와 획수로, 부수를 모르는 한자는 총획수로 찾는다.

▶ 준비파일 : 없음

실습 2-4 한자 단어 등록하기

01 새 문서를 열고 [입력] 메뉴 – [한자 입력] – [한자 단어 등록]을 클릭한다.

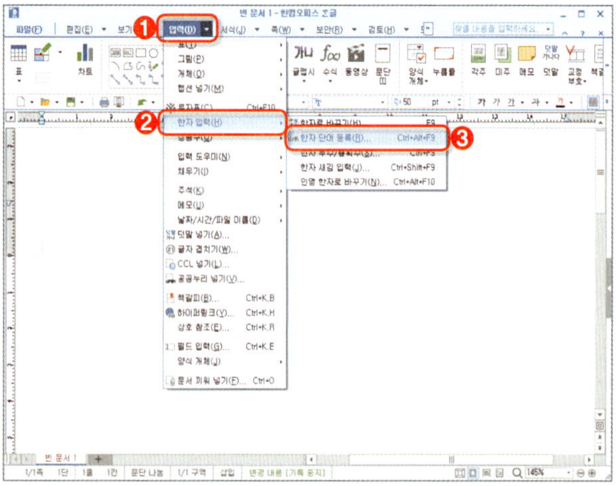

02 [한자 단어 등록] 대화상자의 [한글] 입력란에 '한국대학교'를 입력하면 [한자] 입력란에도 동일한 내용이 입력된다. [바꾸기] 항목에서 [한 글자씩 연속 바꾸기]를 선택한 후 [한자로]를 클릭한다.

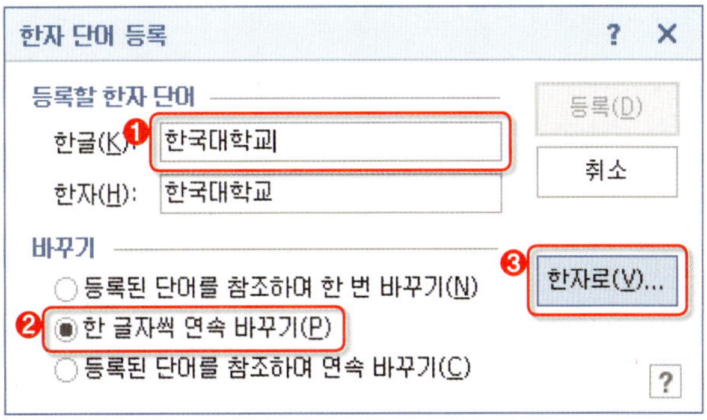

03 입력한 단어에 대한 한자가 한 글자씩 나타난다. 알맞은 한자를 선택하면서 한 글자씩 차례로 바꾼다.

04 마지막 한자까지 선택했으면 [등록]을 눌러 한자 단어로 등록한다.

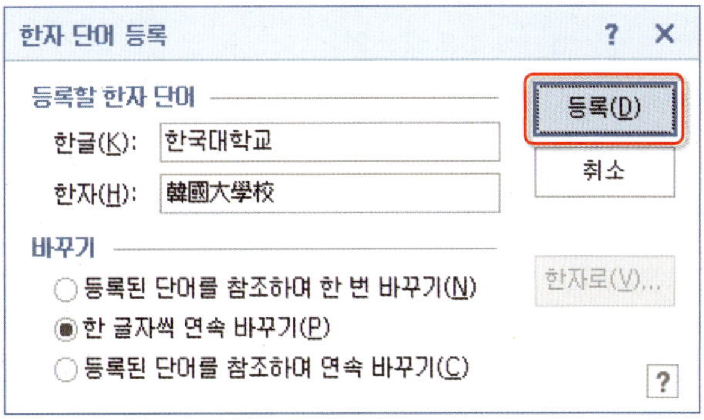

05 다음과 같이 '한국대학교'를 입력하고 [한자]를 누르면 등록한 한자 단어가 [한자 목록]에 있는 것을 확인할 수 있다.

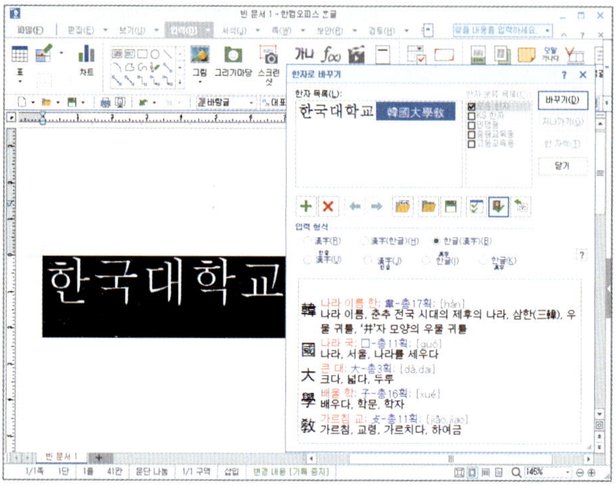

2.3 블록 설정과 문서 편집

문서를 편집하려면 편집할 부분을 블록으로 설정해야 한다. 한글에서 줄 단위 또는 구역 단위로 블록을 설정하는 방법과 복사하기, 오려 두기, 붙이기, 되돌리기 등 문서를 편집하는 다양한 방법에 대하여 알아보자.

▶ 준비파일 : 실습2-5.hwp

실습 2-5 블록 설정하기

| 방법 1 | 줄 단위로 블록 설정하기

01 '실습2-5.hwp' 파일을 불러온 후 블록으로 설정할 첫 부분에 커서를 위치시킨다. 마우스로 드래그하거나 단축키 [F3]을 누르고 방향키를 이용하여 블록 설정한다.

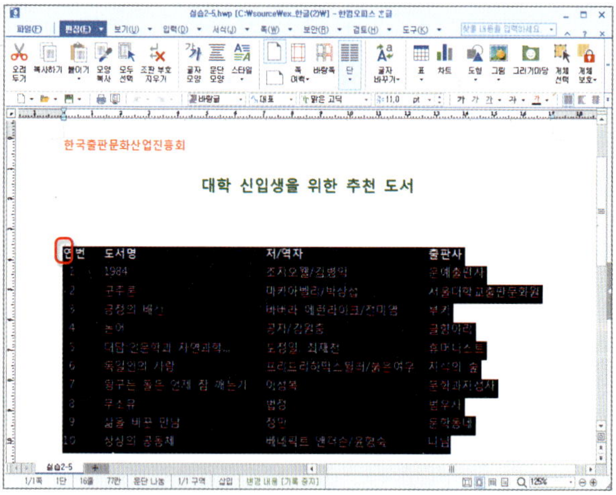

02 블록 설정을 취소하려면 임의의 편집 화면을 클릭하거나 [Esc]를 누른다.

| 방법 2 | 구역 단위로 블록 설정하기

01 블록 설정을 시작할 위치에서 단축키 F4를 누르고 방향키를 이용하거나 Alt를 누른 상태에서 마우스로 드래그하여 블록 설정한다.

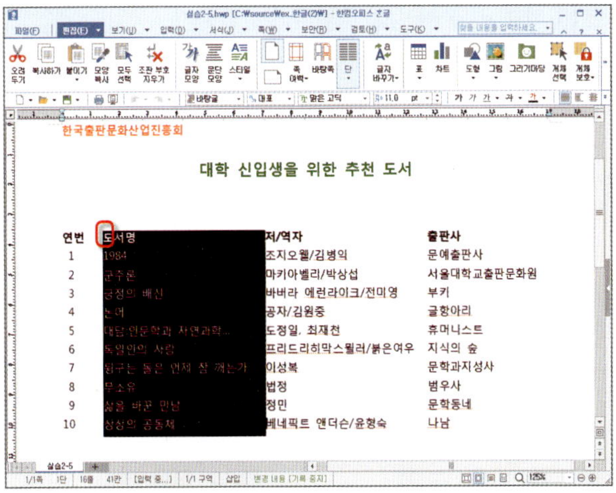

NOTE 다양한 블록 설정 방법

- **현재 문서의 모든 내용을 블록 설정하기** : [편집] 탭 – [모두 선택]을 클릭하거나 단축키 Ctrl + A를 누른다. 또는 용지 왼쪽 여백을 마우스로 연속 세 번 클릭해도 된다.
- **Shift + 방향키** : Shift를 누른 채로 방향키를 누르면 커서가 있던 위치부터 블록 설정할 수 있다.
- **F3 이용하기** : 문서에서 특정 낱말에 커서를 놓고 F3을 두 번 누르면 그 낱말이, 세 번 누르면 그 문단이, 네 번 누르면 문서 전체가 블록으로 설정된다.

▶ 준비파일 : 실습2-6.hwp

실습 2-6 텍스트 복사하기/오려 두기/붙이기

| 단계 1 | 복사하여 붙이기

01 '실습2-6.hwp' 파일을 불러온 후 복사할 1절 후렴을 블록 설정하고 [편집] 메뉴 – [복사하기]를 클릭한다.

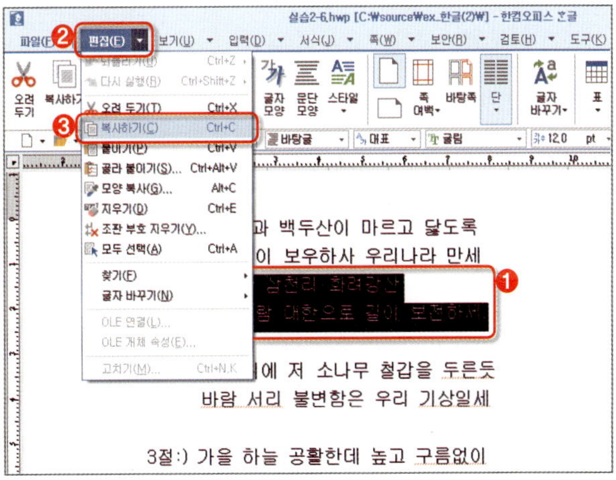

TIP [편집] 도구 상자 – [복사하기]를 클릭하거나 단축키 Ctrl + C를 눌러도 된다.

02 붙여 넣을 위치에 커서를 위치시킨 후 [편집] 메뉴 – [붙이기]를 클릭하거나 단축키 Ctrl + V를 눌러 후렴구를 붙여 넣는다.

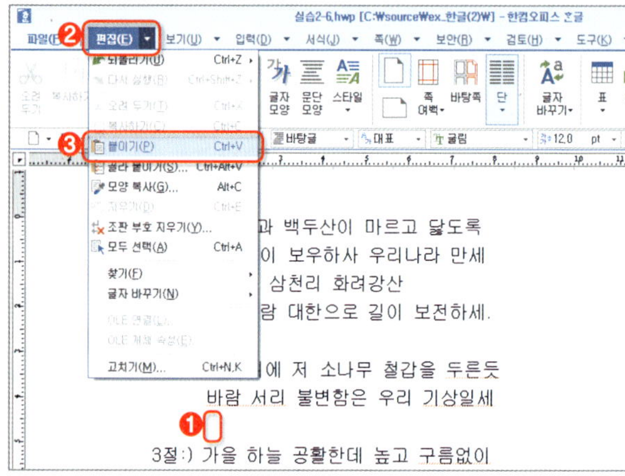

| 단계 2 | 오려서 붙이기

01 2절 전체를 블록 설정한 후 [편집] 메뉴 – [오려 두기]를 클릭한다.

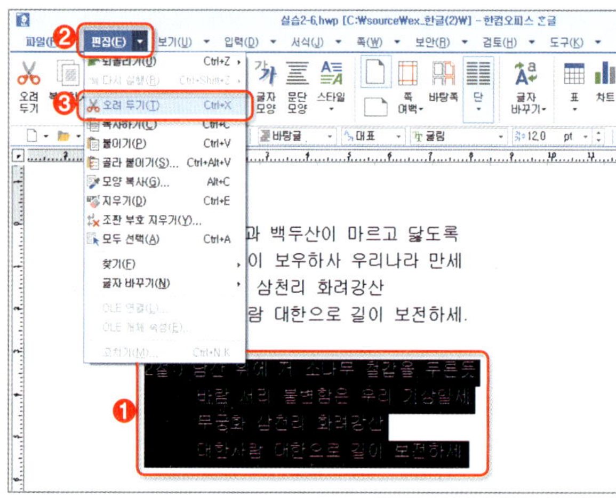

TIP [편집] 도구 상자 – [오려 두기]를 클릭하거나 단축키 Ctrl + X를 눌러도 된다.

02 1절 위에 커서를 두고 [편집] 도구 상자 – [붙이기]를 클릭하거나 단축키 Ctrl + V를 누른다.

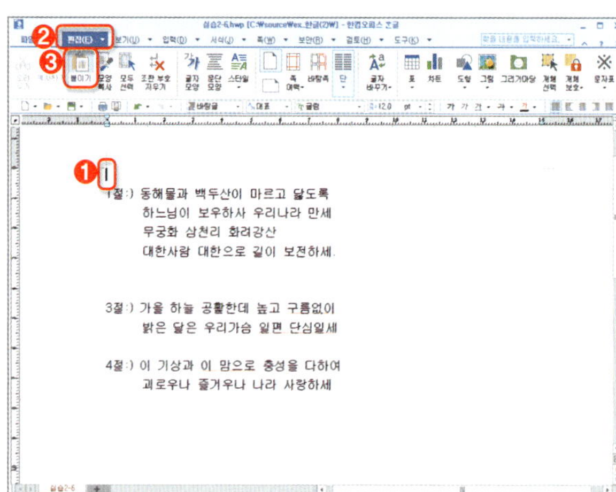

03 다음과 같이 2절이 1절 위로 이동한다.

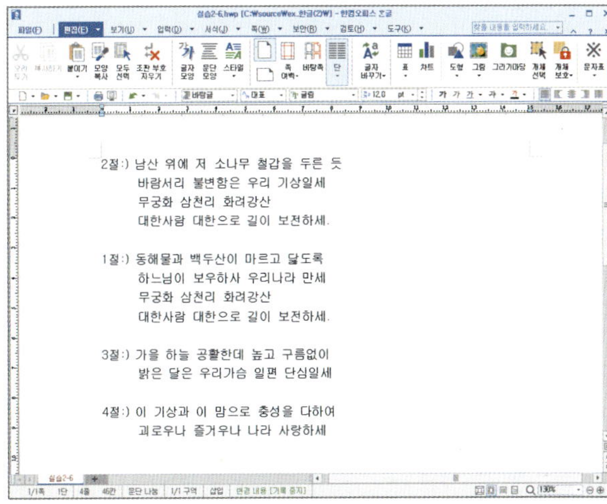

NOTE 다양한 편집 방법

	복사하기	오려 두기	붙이기	되돌리기
메뉴	[편집] – [복사하기]	[편집] – [오려 두기]	[편집] – [붙이기]	[편집] – [되돌리기]
도구 상자	복사하기	오려 두기	붙이기	
단축키	Ctrl + C	Ctrl + X	Ctrl + V	Ctrl + Z
마우스	오른쪽 버튼 클릭한 후 [복사하기]	오른쪽 버튼 클릭한 후 [오려 두기]	오른쪽 버튼 클릭한 후 [붙이기]	

요약

IT COOKBOOK

1 특수문자 입력과 글자 겹치기

- **특수문자 입력** : [입력] 메뉴 – [문자표]를 클릭하거나 [입력] 도구 상자 – [문자표] – [문자표]를 클릭한다. 단축키 Ctrl + F10 을 눌러도 된다.
- **글자 겹치기** : [입력] 메뉴 – [글자 겹치기]를 클릭하거나 [입력] 도구 상자 – [입력 도우미] – [글자 겹치기]를 클릭한다.

2 한자 입력과 등록

- **한자 변환** : 한글을 입력한 후 [입력] 메뉴 – [한자 입력] – [한자로 바꾸기]를 클릭하거나 [입력] 도구 상자 – [한자 입력]을 클릭한다. 단축키 F9 나 키보드에서 한자 를 눌러도 된다.
- **한자 새김 입력** : 한자의 뜻과 음을 이용하여 입력하는 방법으로 [입력] 메뉴 – [한자 입력] – [한자 새김 입력]을 클릭한다.
- **한자 단어 등록** : [입력] 메뉴 – [한자 입력] – [한자 단어 등록]을 클릭하여 새로운 단어를 한자로 등록한다.

3 블록 설정

- **줄 단위 블록 설정** : F3 + 방향키, 마우스 드래그, Shift + 방향키
- **구역 단위 블록 설정** : F4 + 방향키, Alt + 마우스 드래그

4 문서 편집

- **복사하기** : [편집] 메뉴 – [복사하기], [편집] 도구 상자 – [복사하기], 단축키 Ctrl + C
- **오려 두기** : [편집] 메뉴 – [오려 두기], [편집] 도구 상자 – [오려 두기], 단축키 Ctrl + X
- **붙이기** : [편집] 메뉴 – [붙이기], [편집] 도구 상자 – [붙이기], 단축키 Ctrl + V
- **되돌리기** : [편집] 메뉴 – [되돌리기], 단축키 Ctrl + Z

연습문제

1 '연습2-1.hwp' 파일을 열고 아래 조건에 맞게 수정하여 '연습2-1(완성).hwp'로 저장하시오.

| 조건 | ▶ 준비파일 : 연습2-1hwp

- 다음과 같이 특수문자를 삽입하고, 일부 문자는 한자와 원문자로 변경하시오.
  (특수문자는 전각 기호(원), 전각 기호(일반), 전각 기호(기타), 원문자 조각, 기타 기호 이용)

> ♬ 숫자송 ♫
> ❶ 一초라도 안보이면
> ② 二렇게 초조한데
> ③ 三초는 어떻게 기다려
> 이야 이야 이야 이야~
> ④ 사랑해 널 사랑해 ♡ ♥
> ⑤ 오늘은 말할거야
> ⑥ 육십(六十)억 지구(地球)에서 널 만난 건
> ⑦ 럭키~!! ♧♣
> 사랑해~♡
> 요기조기 한눈팔지 말고 ●
> 나를 봐~☻
> 좋아해~
> 나를 향해 웃는 ☺ 모습
> 매일매일 보여줘
> ⑧ 팔딱♡ 팔딱 ♡뛰는 가슴
> ⑨ 구해줘 오 내 마음♡~
> ⑩ 십년이 가도 너를 사랑해♥♥~
> 언제나 이맘 변치 않을게~~

2 새 문서를 열고 아래 조건에 맞게 자신이 속한 학교, 학과와 이름을 한자로 입력하고 등록하시오.

| 조건 | ▶ 준비파일 : 없음

① 학교와 학과는 한자 변환으로 입력하시오.
② 이름은 한자 새김으로 입력하시오.
③ 학교, 학과, 이름을 한자 단어로 등록하시오.

연습문제

3 '연습2-3.hwp' 파일을 열고 블록 설정과 문서 편집 기능을 이용하여 아래 조건에 맞게 수정한 후 '연습2-3(완성).hwp'로 저장하시오.

| 조건 | ▶ 준비파일 : 연습2-3.hwp

① '도서명' 영역을 블록 설정하고 오려내어 '저/역자' 영역 오른쪽으로 이동시키시오.

② '한국출판문화산업진흥회'를 문서의 맨 아래로 이동시키시오.

한국출판문화산업진흥회

대학 신입생을 위한 추천 도서

연번	도서명	저/역자	출판사
1	1984	조지 오웰/김병익	문예출판사
2	군주론	마키아벨리/박상섭	서울대학교출판
3	긍정의 배신	바버라 에런라이크/전미영	부키
4	논어	공자/김원중	글항아리
5	대담:인문학과 자연과학...	도정일, 최재천	휴머니스트
6	독일인의 사랑	막스 밀러/붉은여우	지식의 숲
7	뒹구는 돌은 언제 잠 깨는가	이성복	문학과지성사
8	무소유	법정	범우사
9	삶을 바꾼 만남	정민	문학동네
10	상상의 공동체	베네딕트 앤더슨/윤형숙	나남

수정 전

대학 신입생을 위한 추천 도서

연번	저/역자	도서명	출판사
1	조지 오웰/김병익	1984	문예출판사
2	마키아벨리/박상섭	군주론	서울대학교출판
3	바버라 에런라이크/전미영	긍정의 배신	부키
4	공자/김원중	논어	글항아리
5	도정일, 최재천	대담:인문학과 자연과학...	휴머니스트
6	막스 밀러/붉은여우	독일인의 사랑	지식의 숲
7	이성복	뒹구는 돌은 언제 잠 깨는가	문학과지성사
8	법정	무소유	범우사
9	정민	삶을 바꾼 만남	문학동네
10	베네딕트 앤더슨/윤형숙	상상의 공동체	나남

한국출판문화산업진흥회

수정 후

SECTION ---------- IT COOKBOOK

03 문서 서식

문서의 제목과 본문에 어울리는 글자 모양과 문단 모양으로 설정하여 다양하고 보기 좋은 문서로 꾸미는 방법을 알아본다. 또한 특정한 모양을 반복적으로 자주 지정해야 하는 경우에 매우 편리하게 사용할 수 있는 모양 복사 기능과 글머리표 및 문단 번호 삽입에 대하여 학습한다.

3.1 글자와 문단 서식

글자 모양을 이용하면 글꼴, 글자 크기, 음영, 장평, 자간 등을 적절하게 조절하여 문서를 꾸밀 수 있다. 또한 문단 모양을 이용하면 문단의 정렬 방식, 줄 간격, 테두리, 배경 등을 조절할 수 있다.

▶ 준비파일 : 실습3-1.hwp

실습 3-1 글자 모양 바꾸기

01 '실습3-1.hwp' 파일을 불러온 후 제목을 블록 설정하고 [서식] 메뉴 – [글자 모양]을 선택한다.

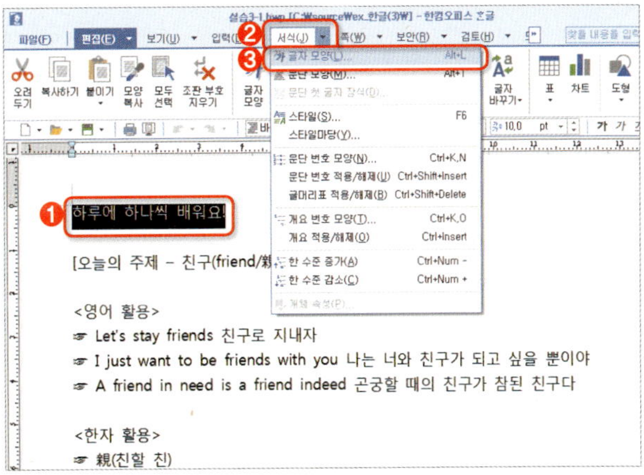

> **NOTE [글자 모양] 대화상자를 여는 다양한 방법**
>
> - [서식] 메뉴 – [글자 모양]을 클릭한다.
> - [서식] 도구 상자의 아이콘이나 서식 도구 상자를 이용한다.
> - 마우스 오른쪽 버튼을 누르고 팝업메뉴에서 [글자 모양]을 선택한다.
> - 단축키 Alt + L을 누른다

02 [글자 모양] 대화상자의 [기본] 탭에서 [기준 크기], [글꼴], [자간], [속성], [글자 색]을 다음과 같이 지정하고 [설정]을 클릭한다.

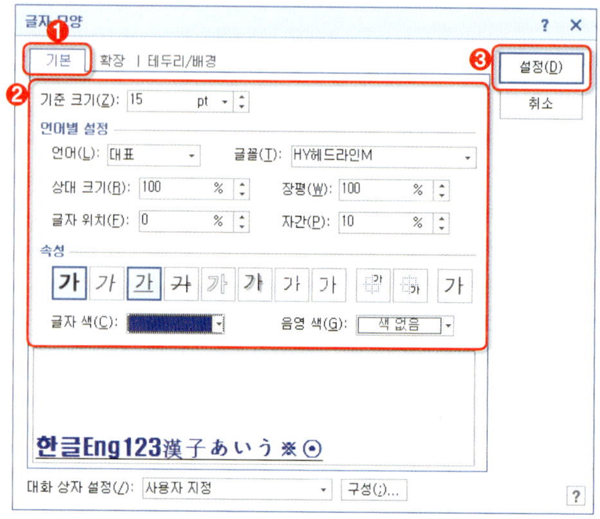

03 두 번째 문단을 블록 설정하고 [글자 모양] 대화상자를 연 후 [기본] 탭에서 [글꼴], [장평], [글자 색]을 다음과 같이 지정하고 [설정]을 클릭한다.

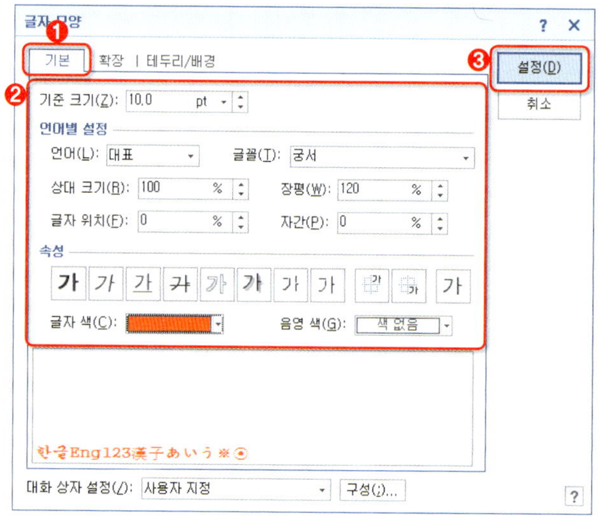

NOTE 장평과 자간

- **장평** : 글자의 '가로:세로'의 비율을 나타내며, 비율을 50~200%까지 설정할 수 있다.
- **자간** : 글자와 글자 사이의 간격을 나타낸다. -50~50%까지 설정할 수 있으며, 기준인 0%보다 작으면 자간이 줄어들고 0%보다 크면 자간이 넓어진다.

04 두 번째 문단에 텍스트 '친구'를 블록 설정하고 [글자 모양] 대화상자를 연 후 [확장] 탭에서 [강조점]을 다음과 같이 선택하고 [설정]을 클릭한다.

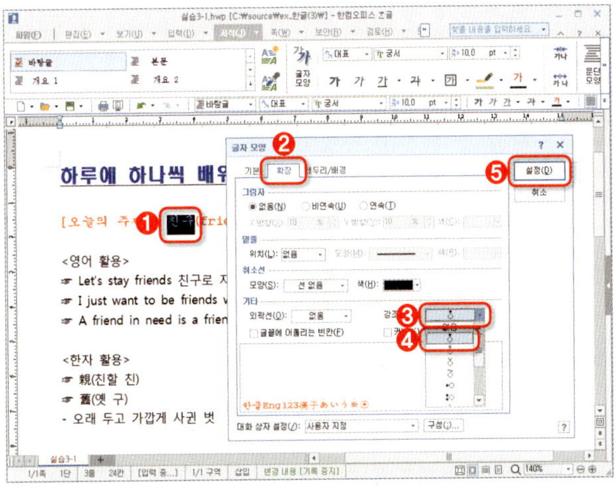

05 다음과 같이 블록 설정하고 [서식] 도구 상자 – [형광펜]의 목록 단추를 클릭하고 '노랑'을 선택한다.

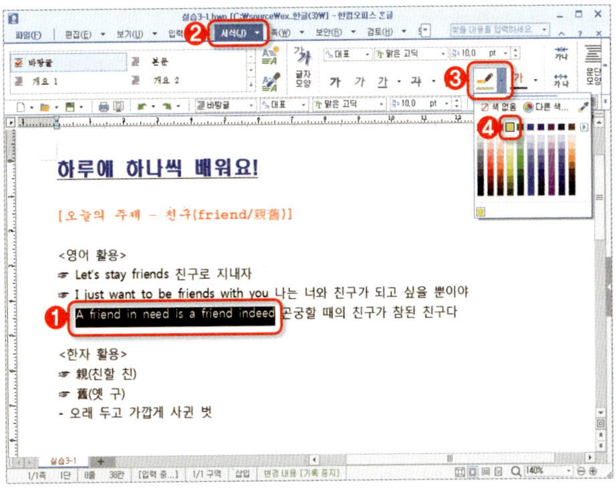

06 [형광펜]과 [기울임], [글자 색] 등을 이용하여 다음과 같은 문서를 완성한다.

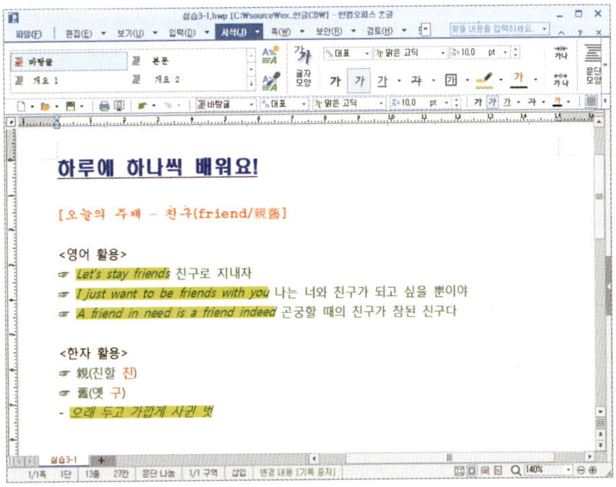

> **NOTE 형광펜 사용하기**
>
> - 블록 설정하지 않고 [형광펜]을 먼저 클릭하여 마우스 포인터를 형광펜 모양( )으로 바꾼 후 서식을 지정할 부분을 드래그해도 된다. 다시 [형광펜]을 클릭할 때까지 형광펜 모양이 유지되므로 문서의 여러 곳에 같은 서식을 지정할 수 있어 편리하다.
> - [형광펜]의 목록 단추를 클릭하지 않고 아이콘을 직접 클릭하면 이전에 설정했던 형광펜 색이 적용된다.

▶ 준비파일 : 실습3-2.hwp

실습 3-2 문단 모양 바꾸기

| 단계 1 | 문단 정렬하기

01 '실습3-2.hwp' 파일을 불러온 후 다음과 같이 블록 설정하고 서식 도구 상자에서 [가운데 정렬]을 클릭한다.

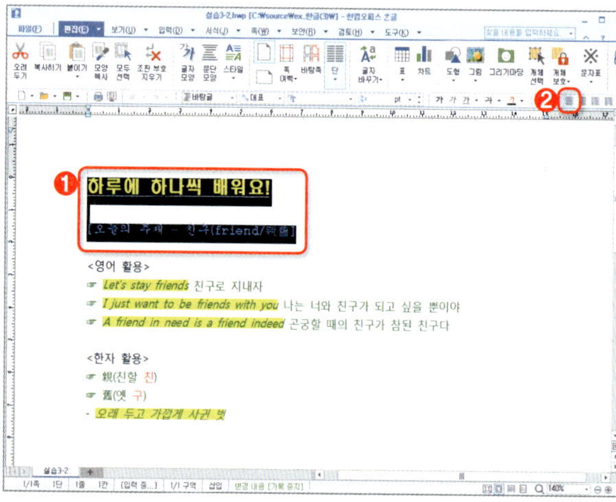

02 다음과 같이 블록 설정했던 부분이 가운데로 정렬된다.

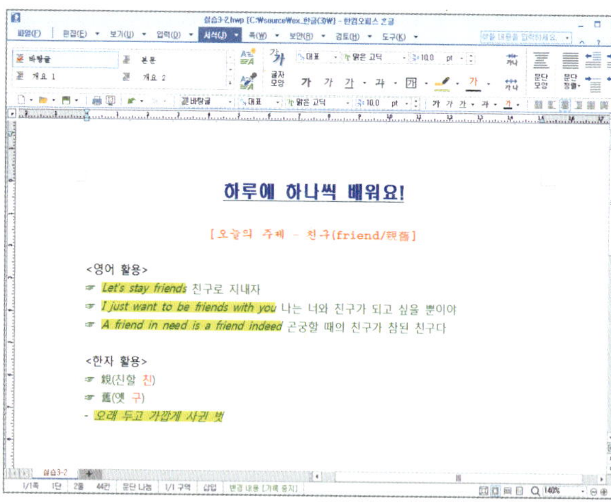

| 단계 2 | 여백과 줄 간격 조절하기

01 다음과 같이 블록 설정하고 [서식] 도구 상자 – [문단 모양]을 클릭한다.

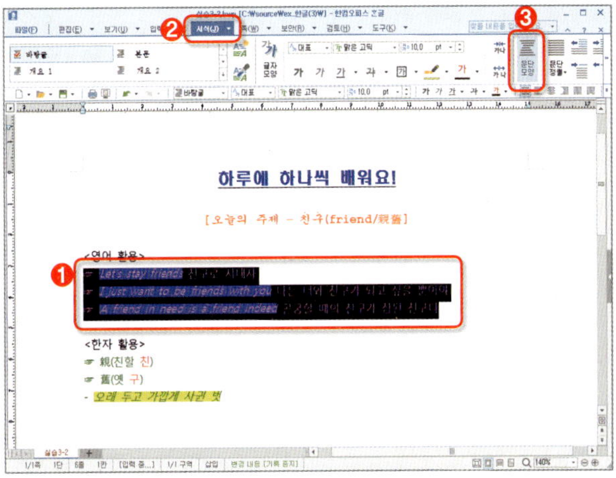

02 [문단 모양] 대화상자의 [기본] 탭에서 [여백]과 [간격]을 다음과 같이 지정하고 [설정]을 클릭하면 왼쪽 여백과 줄 간격이 조절된다.

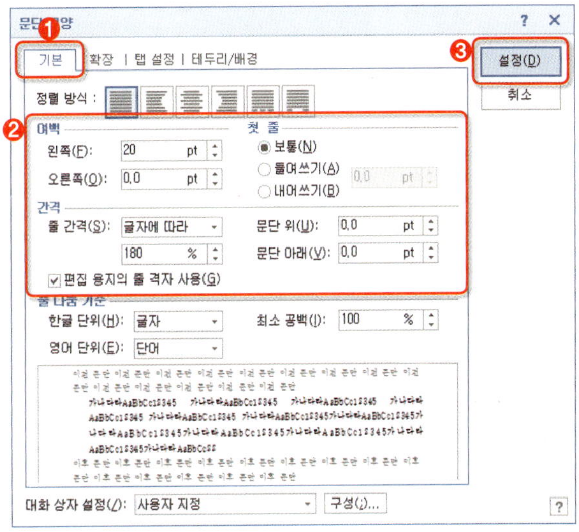

TIP 단축키 Alt + T를 누르거나 팝업메뉴에서 [문단 모양]을 선택해도 된다.

| 단계 3 | 테두리 설정하기

01 다음과 같이 블록 설정한 후 [서식] 메뉴 – [문단 모양]을 클릭한다.

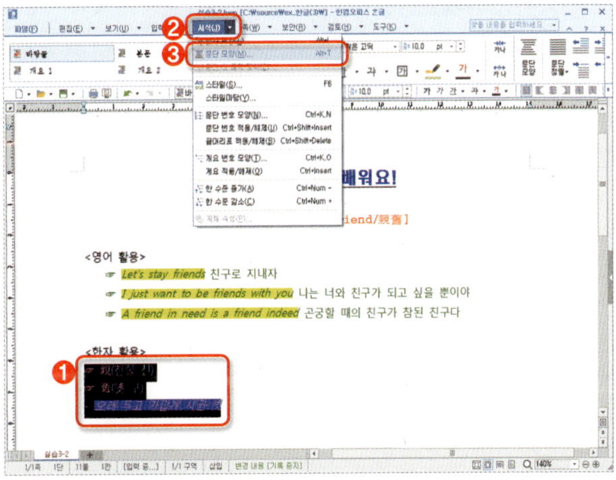

02 [문단 모양] 대화상자의 [테두리/배경] 탭에서 [종류], [색], [문단 테두리 연결], [위치], [간격]을 다음과 같이 지정하고 [설정]을 클릭한다.

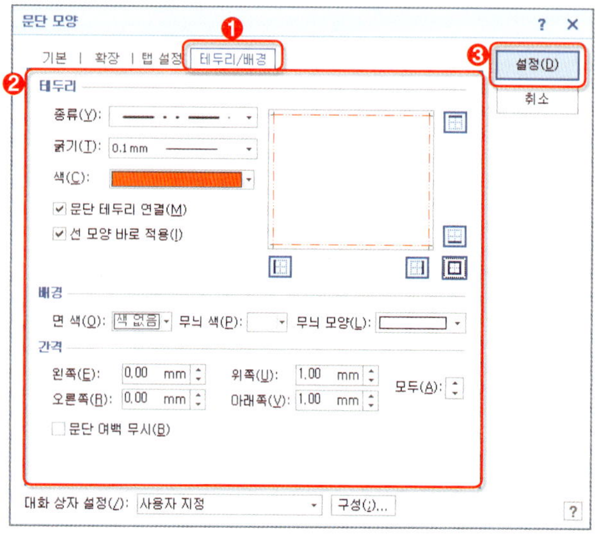

03 서식 도구 상자에서 [가운데 정렬 ☰]을 클릭하여 다음과 같이 문서를 완성한다.

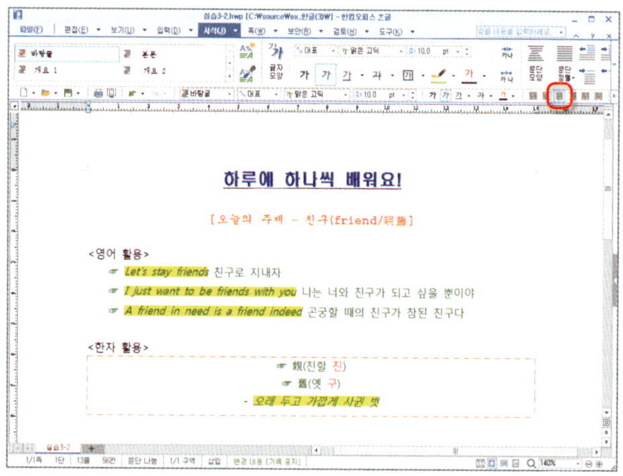

NOTE 대화상자에서 명령어를 쉽게 실행하는 방법

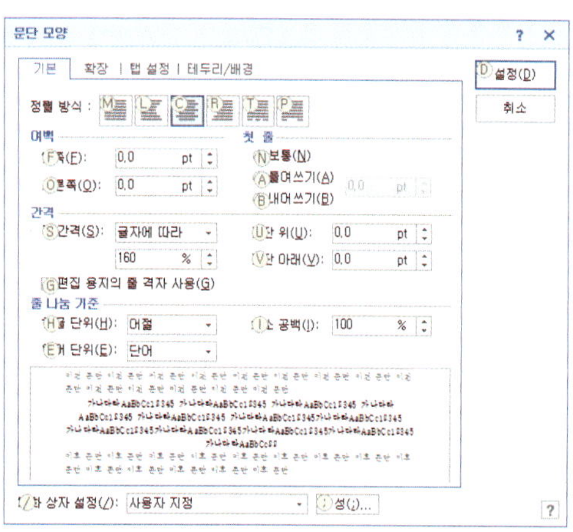

키보드에서 Alt를 누르면 바로 가기 키가 나타난다. 바로 가기 키를 사용하면 마우스를 클릭하지 않고도 키보드만을 이용하여 빠르게 해당 명령을 실행할 수 있다. 예를 들어 [문단 모양] 대화상자에서 왼쪽 여백을 설정하려면 Alt와 F를 동시에 누르면 된다.

▶ 준비파일 : 실습3-3.hwp

실습 3-3 모양 복사하기

01 '실습3-3.hwp' 파일을 불러온 후 텍스트 '행복' 뒤에 커서를 위치시키고 [편집] 도구 상자 – [모양 복사]를 클릭한다.

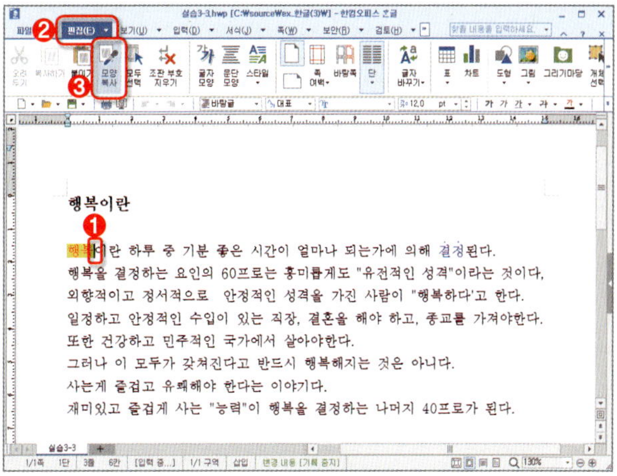

TIP [모양 복사]는 문서에 적용된 글자 모양, 문단 모양, 글자 스타일, 문단 스타일 등의 서식을 간단하게 복사하여 문서의 다른 곳에 반복적으로 적용시킬 수 있어서 편리한 기능이다. 단축키 Alt + C를 누르거나 [편집] 메뉴 – [모양 복사]를 클릭해도 된다.

02 [모양 복사] 대화상자에서 [글자 모양]을 선택하고 [복사]를 클릭한다.

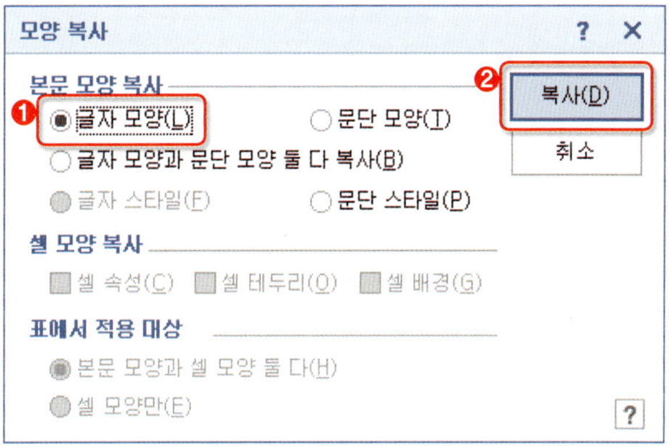

03 동일한 글자 모양으로 변경하고자 하는 텍스트 '행복'을 블록 설정하고 [편집] 도구 상자 – [모양 복사]를 클릭한다.

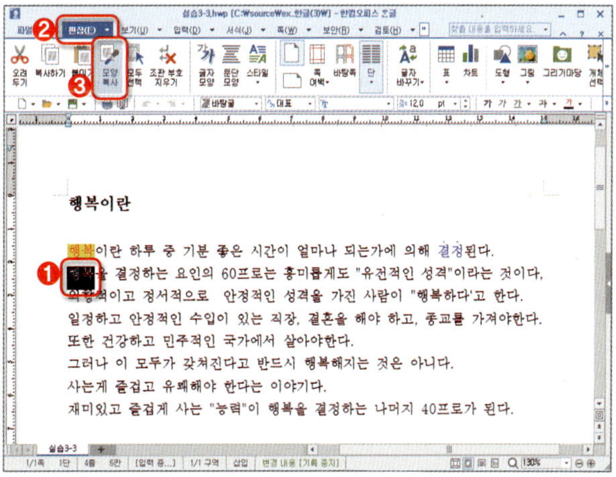

04 같은 방법으로 텍스트 '결정'에 설정되어 있는 글자 모양도 복사하여 다음과 같이 완성한다.

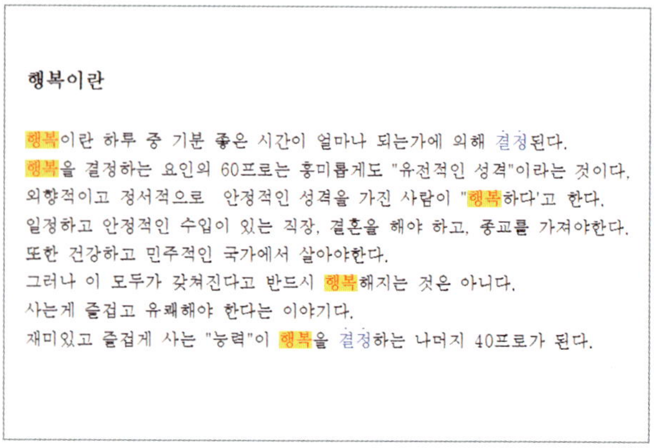
행복이란

행복이란 하루 중 기분 좋은 시간이 얼마나 되는가에 의해 결정된다.
행복을 결정하는 요인의 60프로는 흥미롭게도 "유전적인 성격"이라는 것이다.
외향적이고 정서적으로 안정적인 성격을 가진 사람이 "행복하다"고 한다.
일정하고 안정적인 수입이 있는 직장, 결혼을 해야 하고, 종교를 가져야한다.
또한 건강하고 민주적인 국가에서 살아야한다.
그러나 이 모두가 갖춰진다고 반드시 행복해지는 것은 아니다.
사는게 즐겁고 유쾌해야 한다는 이야기다.
재미있고 즐겁게 사는 "능력"이 행복을 결정하는 나머지 40프로가 된다.

NOTE 단축키로 모양 복사하기

① 모양을 복사할 곳에 커서를 위치시키고 Alt + C를 누른다.

② 복사한 모양을 적용하고자 하는 부분을 블록 설정하고 Alt + C를 누른다.

3.2 글머리표와 문단 번호

여러 항목을 나열할 때 문단 앞에 글머리표를 붙이거나 번호를 매기면 항목을 구분하기 편리하다. 글머리표와 문단 번호를 삽입하는 방법에 대하여 알아보자.

▶ 준비파일 : 실습3-4.hwp

실습 3-4 글머리표와 문단 번호 삽입하기

| 단계 1 | 글머리표 삽입하기

01 '실습3-4.hwp' 파일을 불러온 후 글머리표를 넣을 첫 번째 목록 '포털 사이트' 앞에 커서를 위치시키고 [서식] 메뉴 – [문단 번호 모양]을 선택한다.

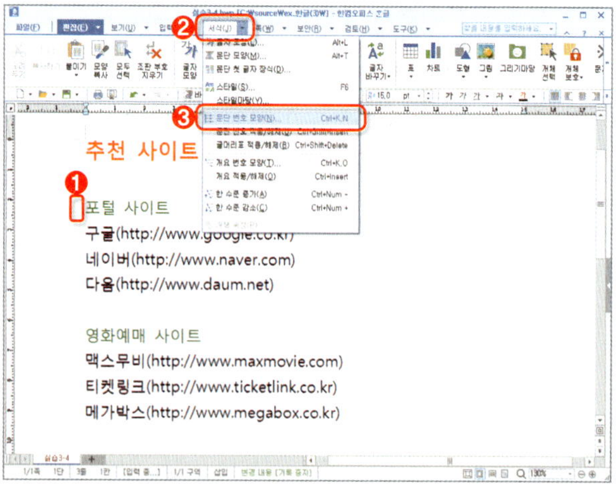

02 [문단 번호/글머리표] 대화상자의 [글머리표] 탭에서 다음과 같이 선택한 후 [설정]을 클릭한다.

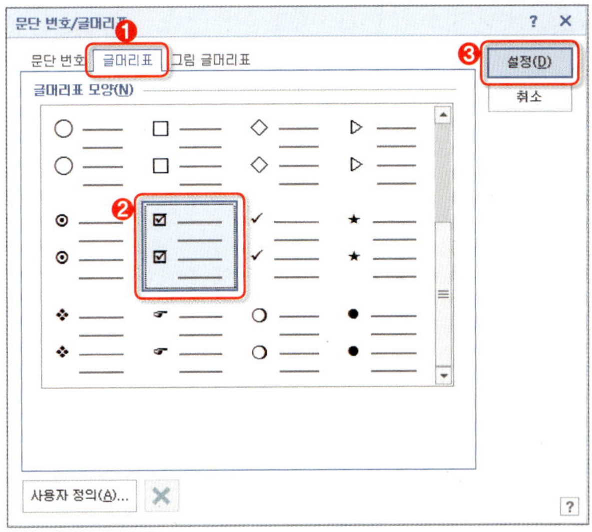

03 글머리표를 넣을 두 번째 목록 '영화예매 사이트' 앞에 커서를 위치시키고 [서식] 메뉴 – [글머리표 적용/해제]를 선택한다.

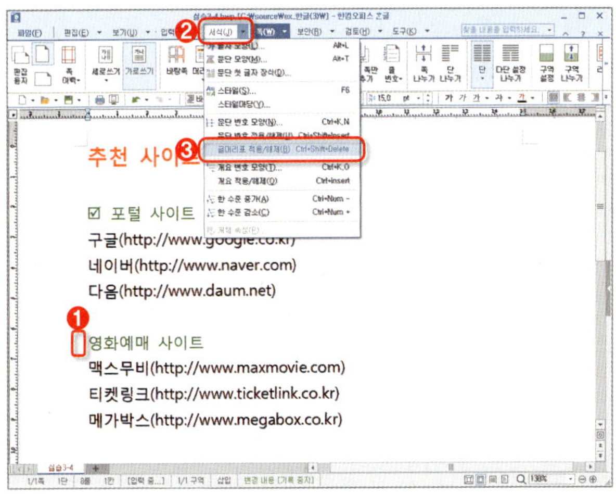

TIP [글머리표 적용/해제]를 한 번 더 선택하면 문단에 적용했던 글머리표가 해제된다.

| 단계 2 | 문단 번호 삽입하기

01 다음과 같이 문단 번호를 설정할 영역을 블록 설정한 후 [서식] 메뉴 – [문단 번호 모양]을 선택한다.

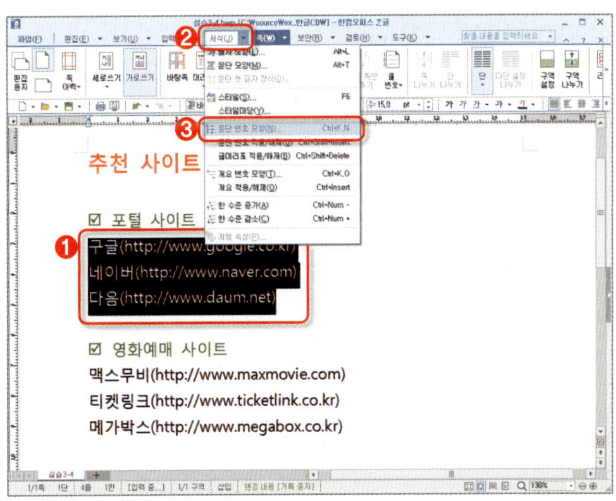

02 [문단 번호/글머리표] 대화상자의 [문단 번호] 탭에서 [문단 번호 모양]을 다음과 같이 선택한 후 [설정]을 클릭한다.

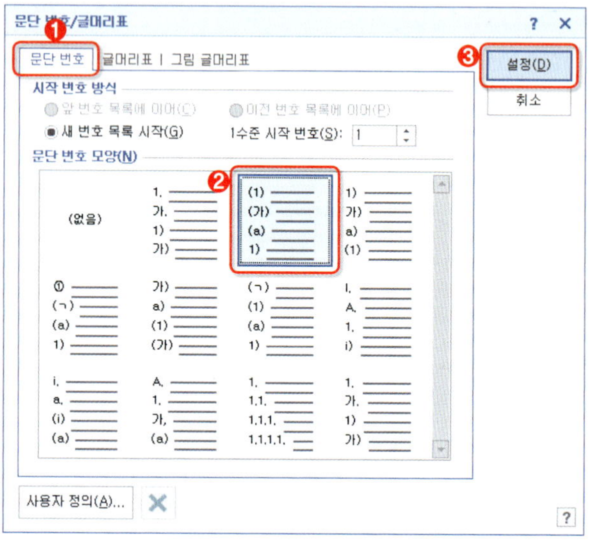

03 다음과 같이 문단 번호를 설정할 부분에 블록 설정하고 [문단 번호/글머리표] 대화상자를 연다. [그림 글머리표] 탭에서 [그림 글머리표 모양]을 다음과 같이 선택한 후 [설정]을 클릭한다.

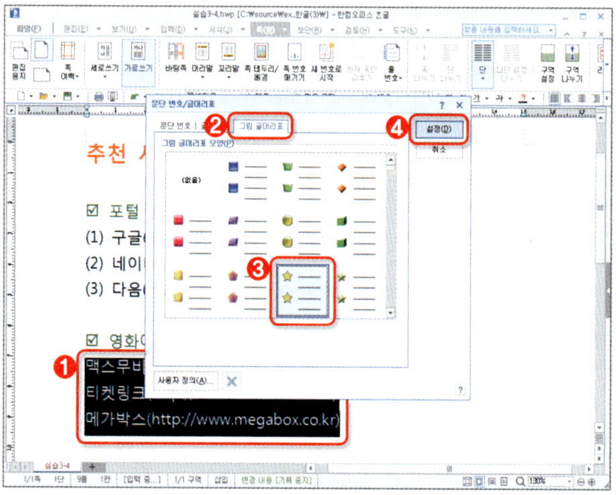

04 다음과 같이 글머리표와 문단 번호를 삽입한 문서가 완성된다.

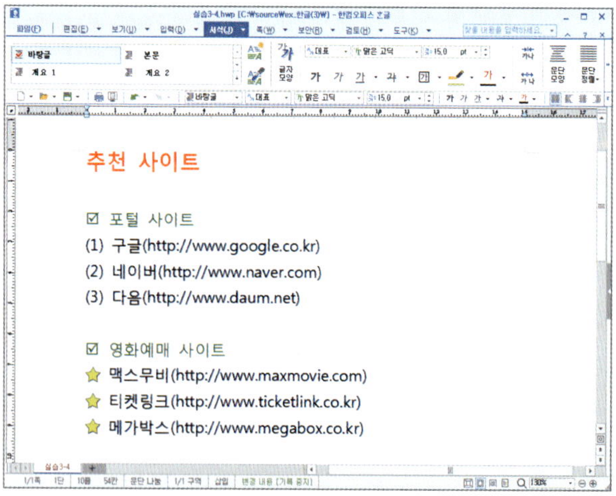

요약

IT COOKBOOK

1 글자 모양

- [서식] 메뉴 – [글자 모양]을 클릭한다.
- [서식] 도구 상자의 아이콘이나 서식 도구 상자를 이용한다.
- 마우스 오른쪽 버튼을 누르고 팝업메뉴에서 [글자 모양]을 선택한다.
- 단축키 Alt + L 을 누른다.

2 문단 모양

- [서식] 메뉴 – [문단 모양]을 클릭한다.
- [서식] 도구 상자 – [문단 모양]이나 서식 도구 상자를 이용한다.
- 마우스 오른쪽 버튼을 누르고 팝업메뉴에서 [문단 모양]을 선택한다.
- 단축키 Alt + T 를 누른다.

3 모양 복사

- 문서에 적용된 글자 모양, 문단 모양, 글자 스타일, 문단 스타일 등의 서식을 간단하게 복사하여 문서의 다른 곳에 적용시키는 기능이다.
- 모양을 복사할 부분에서 [편집] 메뉴 – [모양 복사]를 클릭하거나 단축키 Alt + C 를 눌러 모양을 복사한 후, 모양을 붙여 넣을 부분을 블록 설정하고 [편집] 메뉴 – [모양 복사]를 클릭하거나 단축키 Alt + C 를 누른다.

4 글머리표와 문단 번호

여러 항목을 나열할 때 문단 앞에 글머리표를 붙이거나 번호를 매기면 항목을 구분하기 편리하다. 글머리표와 문단 번호 기능을 이용하면 이러한 작업을 더 편리하게 할 수 있다.

연습문제

IT COOKBOOK

1 '연습3-1.hwp' 파일을 열어 아래 조건에 맞게 수정하고 '연습3-1(완성).hwp'로 저장하시오.

| 조건 | ▶ 준비파일 : 연습3-1.hwp

① 글꼴 : 휴먼엑스포 / 글자 크기 : 20 / 글자 색 : 파랑 / 장평 : 120% / 오른쪽 정렬

② 글꼴 : 견고딕 / 글자 크기 : 15 / 글자 색 : 주황 / '단호박'에 강조점

③ 글꼴 : 굴림 / 속성 : 밑줄 / 자간 : -10% / 줄 간격 : 200%

④ 글꼴 : 맑은 고딕 / 왼쪽 여백 : 30pt / 줄 간격 : 200% / 글머리표 넣기

⑤ 글꼴 : 굴림 / 문단 테두리 : 점선, 0.5mm, 주황, 테두리 간격 모두 5mm / 배경색 : 노랑 / 문단 여백 : 왼쪽 15pt / 문단 번호 넣기

⑥ 글꼴 : 맑은 고딕 / 글머리표 넣기

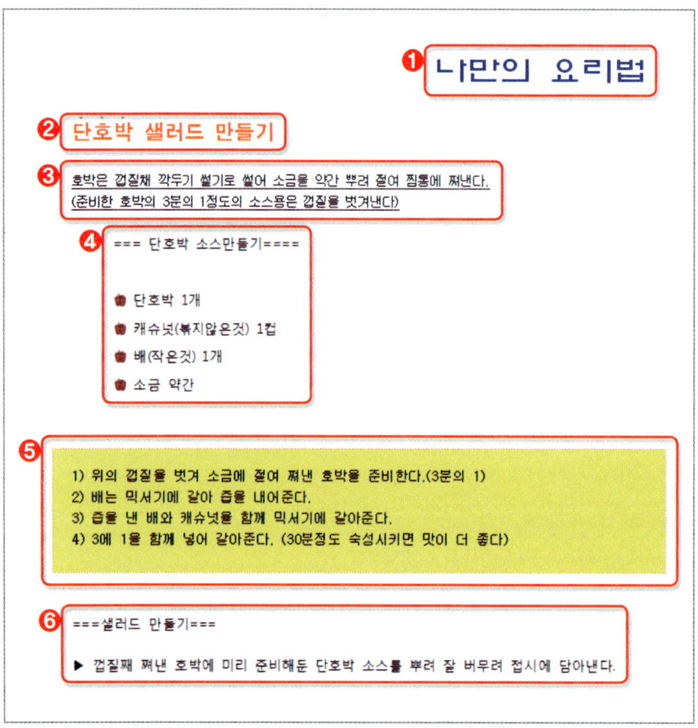
❶ 나만의 요리법

❷ 단호박 샐러드 만들기

❸ 호박은 껍질채 깍두기 썰기로 썰어 소금을 약간 뿌려 절여 찜통에 쪄낸다.
(준비한 호박의 3분의 1정도의 소스용은 껍질을 벗겨낸다)

❹ === 단호박 소스만들기====

- 단호박 1개
- 캐슈넛(볶지않은것) 1컵
- 배(작은것) 1개
- 소금 약간

❺
1) 위의 껍질을 벗겨 소금에 절여 쪄낸 호박을 준비한다.(3분의 1)
2) 배는 믹서기에 갈아 즙을 내어준다.
3) 즙을 낸 배와 캐슈넛을 함께 믹서기에 갈아준다.
4) 3에 1을 함께 넣어 갈아준다. (30분정도 숙성시키면 맛이 더 좋다)

❻ ===샐러드 만들기===

▶ 껍질째 쪄낸 호박에 미리 준비해둔 단호박 소스를 뿌려 잘 버무려 접시에 담아낸다.

연습문제

2 '연습3-2.hwp' 파일을 열어 아래 조건에 맞게 수정하고 '연습3-2(완성).hwp'로 저장하시오.

| 조건 | ▶ 준비파일 : 연습3-2.hwp

① 글꼴 : 맑은 고딕 / 글자 크기 : 20 / 글자 색 : 초록 / 가운데 정렬

② 글꼴 : 휴먼모음T / 글자 크기 : 12 / 문단 테두리 : 실선, 0.1mm, 테두리 간격 모두 2mm / 배경색 : 노랑 60% 밝게

③ 왼쪽 여백 : 20pt / 오른쪽 여백 : 20pt / 문단 위아래 간격 : 10pt

④ ②, ③번 항목의 글자 모양과 문단 모양을 [모양 복사] 기능을 이용하여 아래 항목에 동일하게 적용하시오.

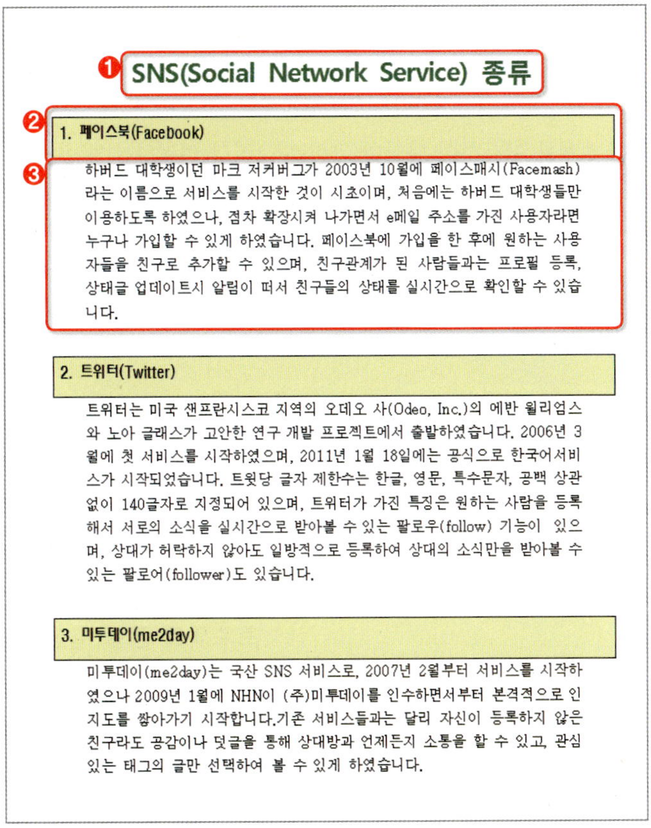

❶ SNS(Social Network Service) 종류

❷ 1. 페이스북(Facebook)

❸ 하버드 대학생이던 마크 저커버그가 2003년 10월에 페이스매시(Facemash)라는 이름으로 서비스를 시작한 것이 시초이며, 처음에는 하버드 대학생들만 이용하도록 하였으나, 점차 확장시켜 나가면서 e메일 주소를 가진 사용자라면 누구나 가입할 수 있게 하였습니다. 페이스북에 가입을 한 후에 원하는 사용자들을 친구로 추가할 수 있으며, 친구관계가 된 사람들과는 프로필 등록, 상태글 업데이트시 알림이 떠서 친구들의 상태를 실시간으로 확인할 수 있습니다.

2. 트위터(Twitter)

트위터는 미국 샌프란시스코 지역의 오데오 사(Odeo, Inc.)의 에반 윌리엄스와 노아 글래스가 고안한 연구 개발 프로젝트에서 출발하였습니다. 2006년 3월에 첫 서비스를 시작하였으며, 2011년 1월 18일에는 공식으로 한국어서비스가 시작되었습니다. 트윗당 글자 제한수는 한글, 영문, 특수문자, 공백 상관없이 140글자로 지정되어 있으며, 트위터가 가진 특징은 원하는 사람을 등록해서 서로의 소식을 실시간으로 받아볼 수 있는 팔로우(follow) 기능이 있으며, 상대가 허락하지 않아도 일방적으로 등록하여 상대의 소식만을 받아볼 수 있는 팔로어(follower)도 있습니다.

3. 미투데이(me2day)

미투데이(me2day)는 국산 SNS 서비스로, 2007년 2월부터 서비스를 시작하였으나 2009년 1월에 NHN이 (주)미투데이를 인수하면서부터 본격적으로 인지도를 쌓아가기 시작합니다.기존 서비스들과는 달리 자신이 등록하지 않은 친구라도 공감이나 덧글을 통해 상대방과 언제든지 소통을 할 수 있고, 관심 있는 태그의 글만 선택하여 볼 수 있게 하였습니다.

SECTION IT COOKBOOK

04 그래픽 개체 다루기

그리기, 글상자, 글맵시, 그림 등의 그래픽 개체를 활용하면 문서를 보다 더 화려하면서 전달력 있게 꾸밀 수 있다. 이 장에서는 그리기 개체를 이용하여 문서에 그림을 직접 그려 넣는 방법, 글상자와 글맵시를 이용하여 다양한 위치에 글을 삽입하고 편집하는 방법, 그림을 삽입하고 편집하는 방법에 대하여 알아본다.

4.1 그리기 개체와 글상자

[입력] 도구 상자에는 직접 그림을 그릴 수 있는 그리기 개체와 본문에 박스형 요약 글을 넣을 때 주로 사용하는 글상자가 들어 있다. 그리기 개체를 이용하여 다양한 그림을 그리고 편집하는 방법과 글상자를 삽입하고 편집하는 방법을 알아보자.

▶ 준비파일 : 실습4-1.hwp

실습 4-1 그리기 개체 삽입하고 편집하기

| 단계 1 | 그리기 개체 삽입하기

01 '실습4-1.hwp' 파일을 불러온 후 [입력] 도구 상자 – [개체] 모음에서 [직선 ＼]을 클릭한다.

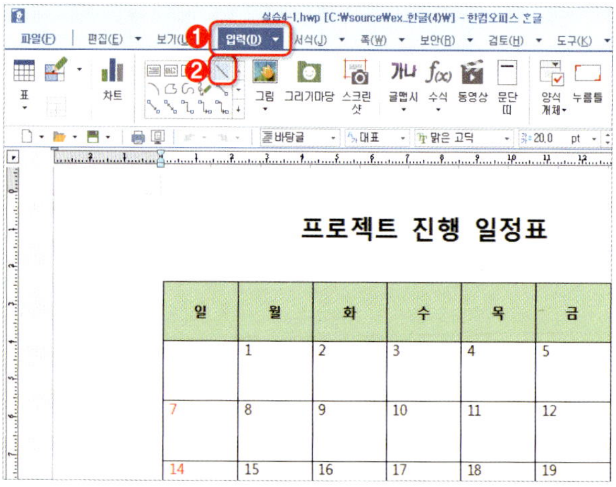

02 Shift를 누르고 직선을 표시할 위치에 마우스로 드래그하여 직선을 그린다.

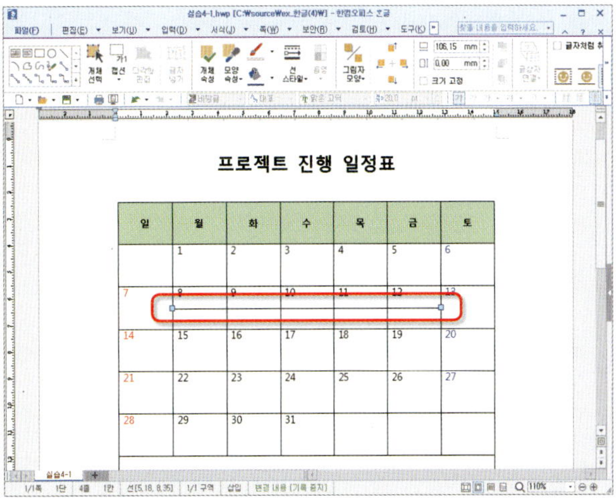

| 단계 2 | 그리기 개체 편집하기

01 선 굵기 변경하기 직선을 선택하고 [도형] 도구 상자 – [선 스타일] – [선 굵기] – [5mm]를 선택한다.

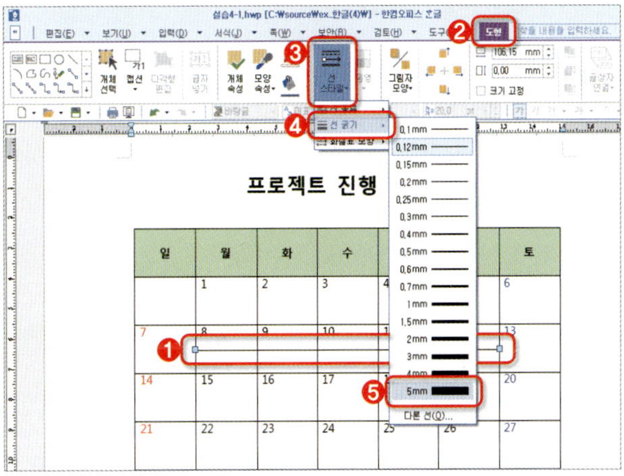

02 선 색 변경하기 직선을 선택한 상태에서 [도형] 도구 상자 – [선 색]의 목록 단추를 클릭하고 [보라 80% 밝게]를 선택한다.

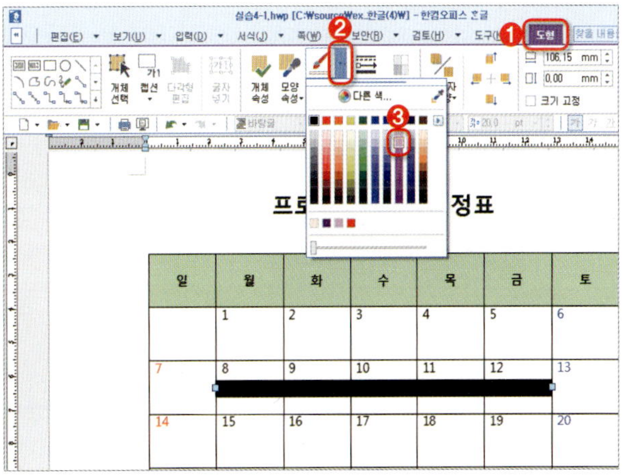

03 직선 복사하기 직선을 선택하고 Ctrl과 Shift를 동시에 누르면서 마우스로 드래그하여 다음과 같이 직선을 복사한다.

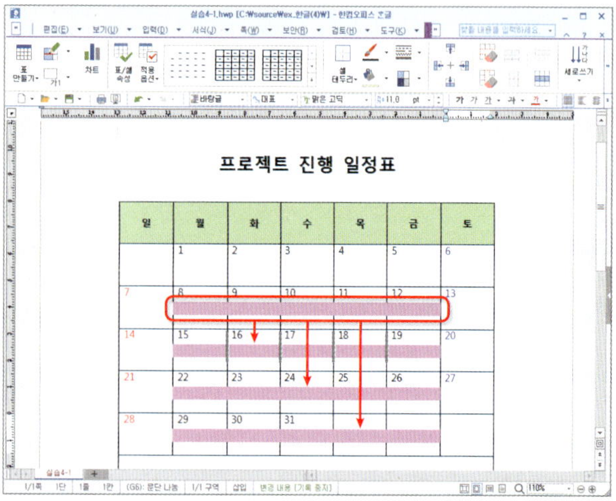

NOTE 여러 개체 선택과 개체 복사

1. 여러 개체를 선택하는 방법

- **Shift 이용하기** : Shift 를 누른 상태에서 개체를 하나씩 클릭하여 선택한다.
- **개체 선택 아이콘( ) 이용하기** : 개체 선택 아이콘을 클릭한 후 마우스로 드래그하여 여러 개체를 선택한다. 개체 선택 아이콘은 [편집] 도구 상자나 [도형] 도구 상자에서 선택할 수 있다.

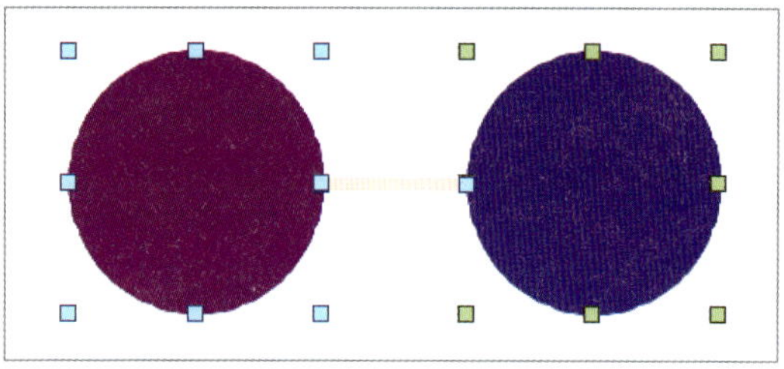

2. 개체 복사하는 방법

- **Ctrl 이용하기** : Ctrl을 누르고 개체를 선택하여 마우스 포인터가 모양으로 바뀌면 드래그해서 복사한다. Ctrl과 Shift를 함께 누른 채 드래그하면 수직/수평 방향으로 복사된다.

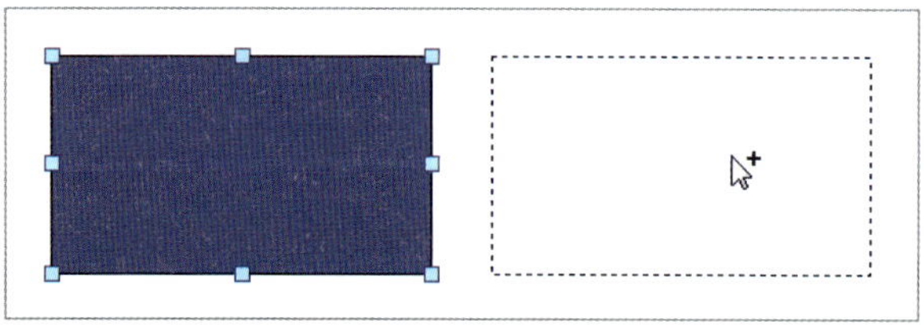

- **단축키 이용하기** : 개체를 선택하고 Ctrl + C를 누른 후 원하는 위치에 Ctrl + V를 눌러 복사한다.
- **팝업메뉴 이용하기** : 개체를 선택하고 마우스 오른쪽 버튼을 클릭하여 팝업메뉴에서 [복사하기]를 선택한 후, 개체 선택을 해제하고 마우스 오른쪽 버튼을 다시 클릭하여 [붙이기]를 선택한다.
- **[편집] 메뉴 이용하기** : [편집] 메뉴 – [복사하기]를 선택하고 다시 [편집] 메뉴 – [붙이기]를 선택한다.

04 직선 길이 조절하기 네 번째 직선의 오른쪽 크기 조절점을 Shift를 누른 채로 마우스로 드래그하여 다음과 같이 길이를 조절한다.

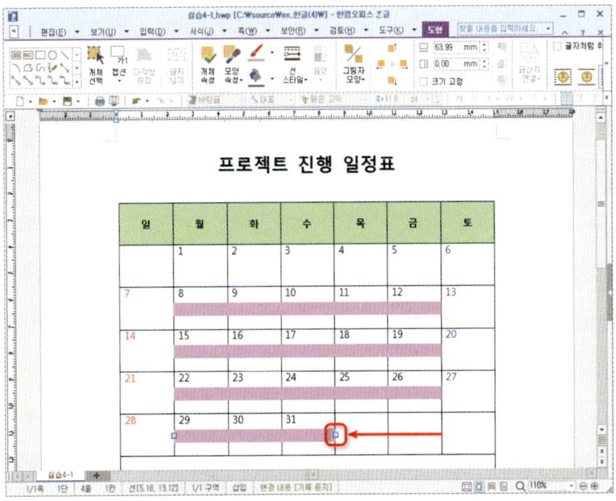

05 임의로 색 변경하기 다음과 같이 임의의 선 색으로 변경한다.

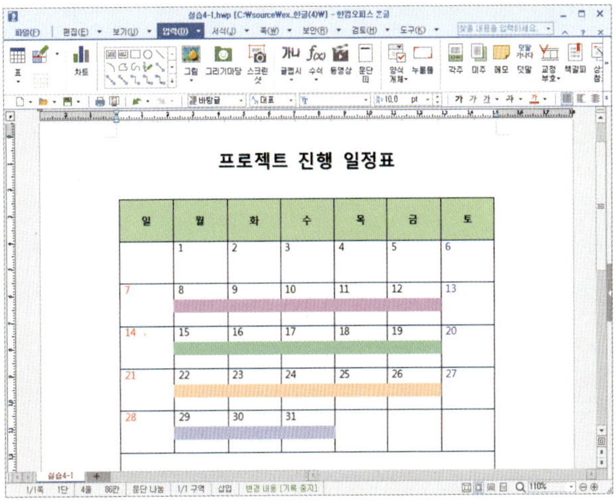

06 개체 속성 대화상자 열기 Shift를 누른 채로 직선 모두를 선택한 후 마우스 오른쪽 버튼을 누르고 팝업메뉴에서 [개체 속성]을 클릭한다.

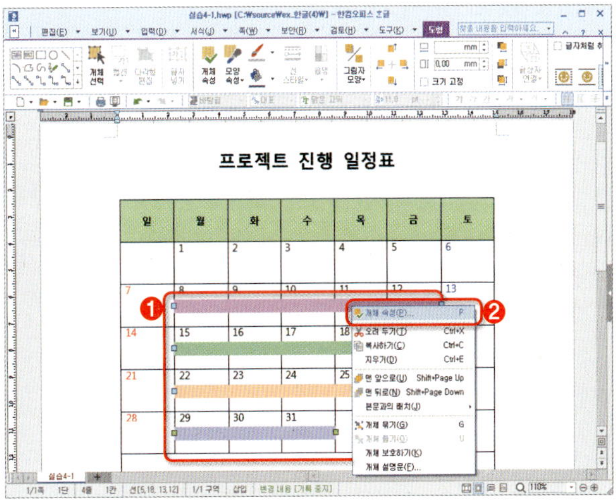

07 선 스타일 설정하기 [개체 속성] 대화상자의 [선] 탭에서 [화살표]의 [끝 모양]과 [끝 크기]를 다음과 같이 선택하고 [투명도]를 '30%'로 입력한 후 [설정]을 클릭한다.

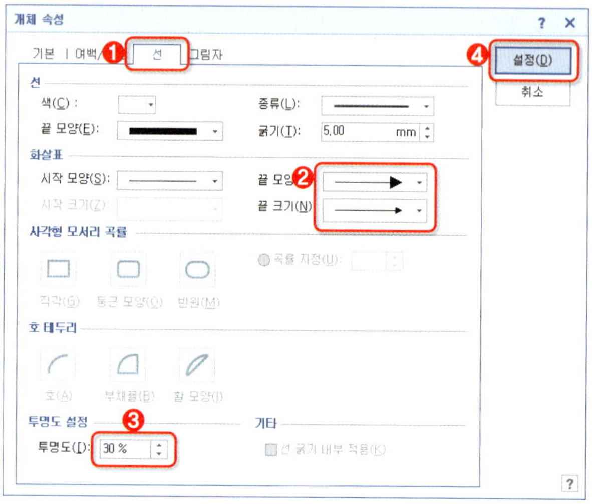

NOTE [개체 속성] 대화상자

❶ **기본 탭** : 그래픽 개체의 크기와 위치(본문과의 배치) 등을 설정할 수 있다.

❷ **여백/캡션 탭** : 그래픽 개체의 바깥쪽 여백의 방향을 모두 설정할 수 있으며, 그림에 캡션을 넣었을 때의 위치와 크기 등을 설정할 수 있다.

❸ **선 탭** : 그래픽 개체에 설정된 테두리의 종류, 굵기, 색 등을 선택할 수 있다.

❹ **그림 탭** : 그림 파일의 저장 경로와 이름을 확인할 수 있으며, 그림에 다양한 효과를 설정할 수 있다.

❺ **그림자 탭** : 그래픽 개체에 그림자를 적용하고 위치를 설정할 수 있다.

❻ **반사 탭** : 그래픽 개체의 반사 크기 및 거리를 설정할 수 있다.

❼ **네온 탭** : 그래픽 개체의 네온 색, 투명도, 크기를 설정할 수 있다.

❽ **옅은 테두리 탭** : 옅은 테두리의 두께를 설정할 수 있다.

08 **개체 묶기** Shift를 누른 채로 직선 모두를 선택한 후 마우스 오른쪽 버튼을 누르고 팝업메뉴에서 [개체 묶기]를 선택한다.

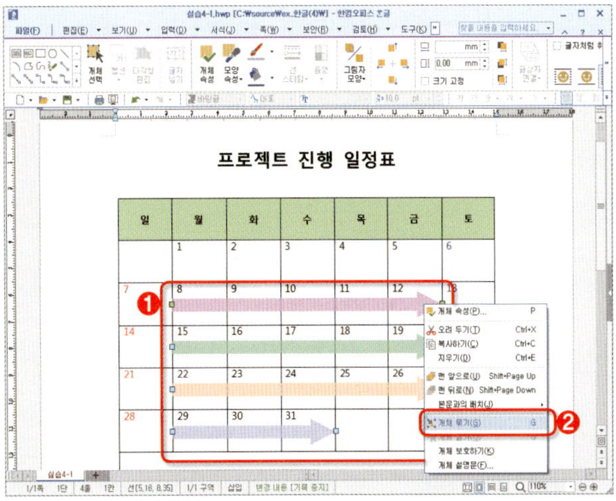

> **NOTE 개체 묶기와 개체 풀기**
>
> - **개체 묶기** : 두 개 이상의 도형을 선택하고 개체 묶기를 하면 선택한 도형들이 하나로 묶인다. 하나로 묶인 개체를 이동, 복사하거나 크기를 조절하면 모든 개체에 한꺼번에 적용된다.
> - **개체 풀기** : 하나로 묶인 도형들을 다시 풀 때 사용한다.
> - 도형 편집이 다 끝난 후에는 개체 묶기를 해주는 것이 편리하며, 개체로 묶인 도형을 각각 변경하고자 할 때는 개체 풀기를 한 후에 개별 개체를 편집한다.

▶ 준비파일 : 실습4-2.hwp

실습 4-2 글상자 삽입하고 편집하기

| 단계 1 | 글상자 삽입하기

01 '실습4-2.hwp' 파일을 불러온 후 [입력] 도구 상자 – [개체] 모음에서 [가로 글상자]를 클릭한다.

02 첫 번째 화살표 위에 마우스로 드래그하여 글상자를 만든다.

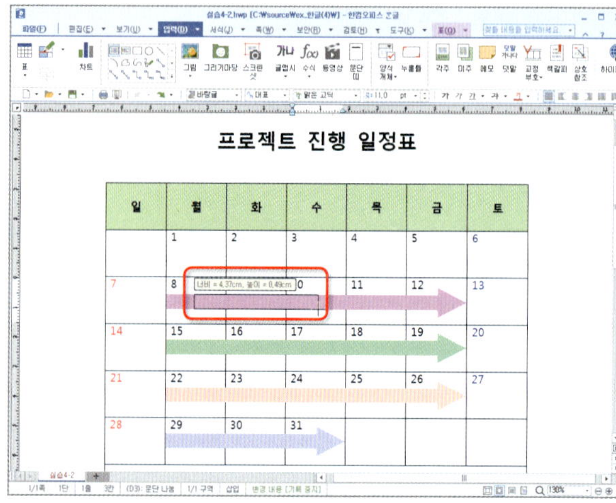

03 글상자가 만들어지면 글상자 안에 '작품 조사 및 작품 분석'이라고 입력한다.

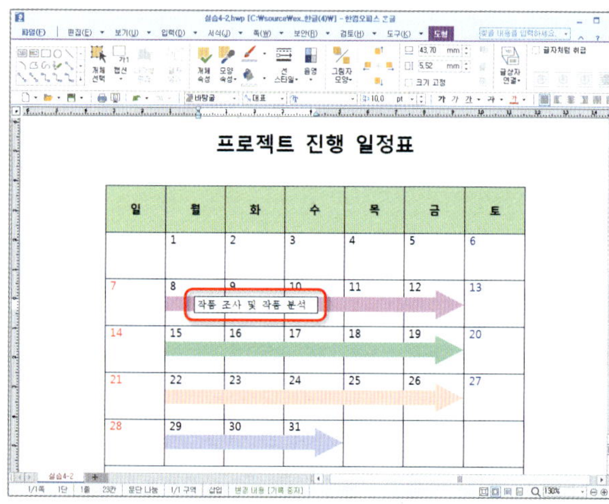

| 단계 2 | 글상자 편집하기

01 글상자를 선택하고 [도형] 도구 상자 – [선 스타일] – [선 종류]에서 [선 없음]을 클릭한다.

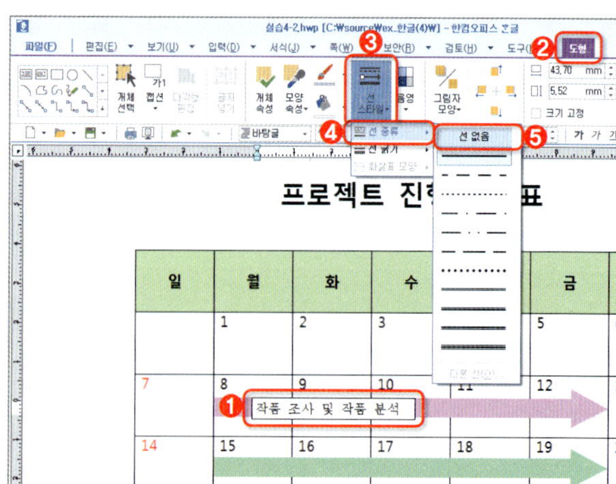

02 글상자가 선택된 상태에서 [도형] 도구 상자 – [채우기]에서 [색 없음]을 클릭한다.

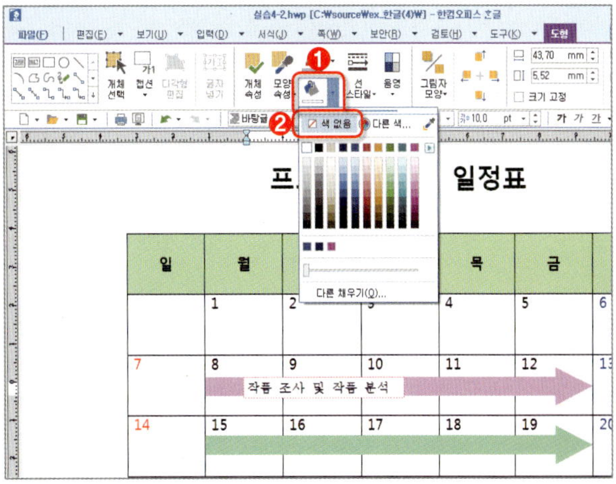

03 편집이 완료된 글상자를 선택한 후 Ctrl을 누른 채로 글상자를 마우스로 드래그하여 다음과 같이 복사하고 텍스트를 각각 입력한다.

04 표의 마지막 셀에 글상자를 삽입하고 다음과 같이 텍스트를 입력한 후 [글꼴]은 '휴먼모음T', [글자 색]은 '초록', [왼쪽 여백]은 '20pt'로 각각 설정한다.

05 글상자를 선택한 후 [도형] 도구 상자의 [선 스타일]에서 [선 종류]는 [선 없음]을 선택하고 [채우기]는 [노랑 60% 밝게]로 설정한다.

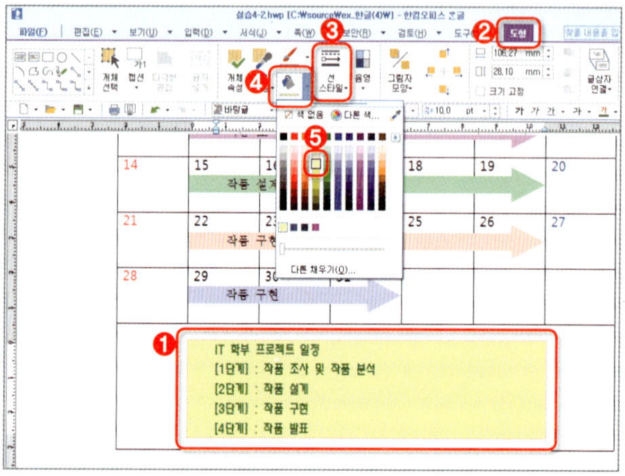

06 글상자를 선택한 상태에서 [도형] 도구 상자 – [그림자 모양] – [오른쪽 아래]를 클릭하면 그림자가 적용된다.

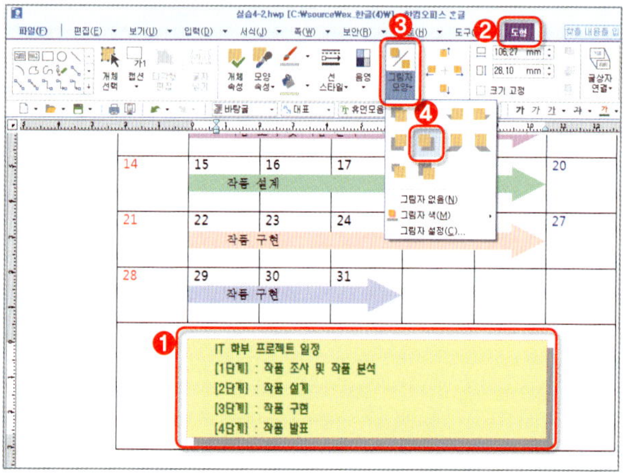

4.2 글맵시

글맵시는 일반적인 글자 입력과는 달리 그리기 개체 형태로 텍스트를 문서에 삽입하는 기능이다. 글맵시로 입력한 글자는 모양을 구부릴 수 있고, 외곽선, 면 채우기, 그림자, 회전 등의 효과를 주어 꾸밀 수도 있다. 문서에 글맵시를 삽입하고 편집하는 방법을 알아보자.

NOTE [글맵시 만들기] 대화상자

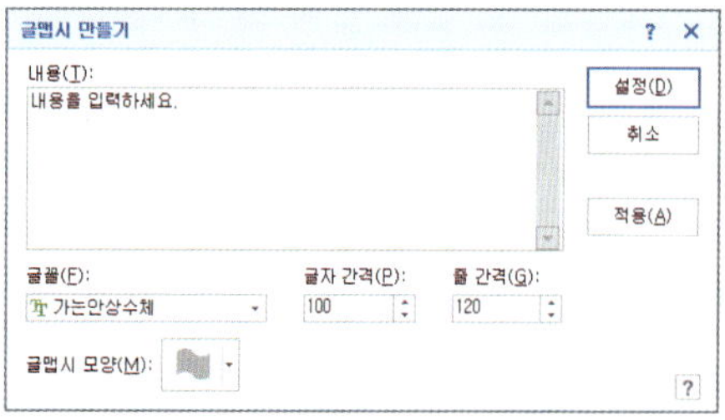

[글맵시 만들기] 대화상자의 [내용]에 글맵시 내용을 입력하고 [글꼴], [글자 간격], [줄 간격]을 조절한 후 [글맵시 모양]에서 모양을 선택하면 글맵시를 만들 수 있다.

▶ 준비파일 : 실습4-3.hwp

실습 4-3 글맵시 삽입하고 편집하기

01 '실습4-3.hwp' 파일을 불러온 후 [입력] 메뉴 – [개체] – [글맵시]를 선택한다.

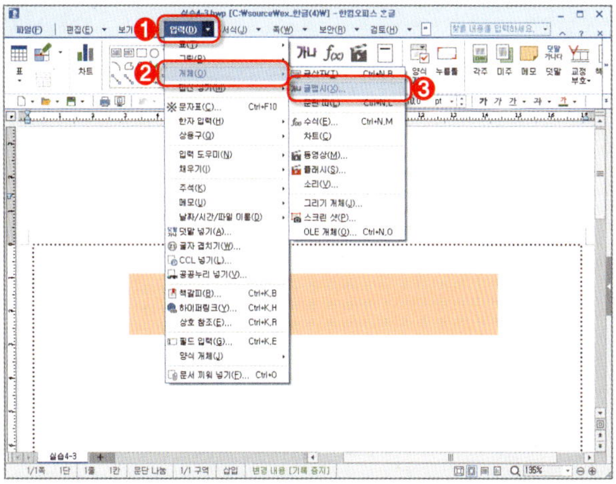

TIP▸ [입력] 도구 상자에서 [글맵시]를 클릭해도 된다.

02 [글맵시 만들기] 대화상자가 열리면 [내용] 입력란에 'Welcome to My Cafe'를 입력한 후 [글꼴]은 '양재 소슬체S'를 선택하고 [설정]을 클릭한다.

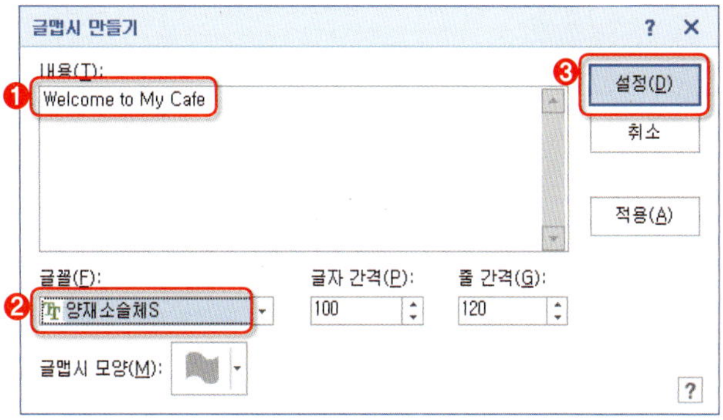

03 글맵시 개체를 선택하고 마우스 오른쪽 버튼을 클릭한 후 팝업메뉴에서 [본문과의 배치] – [글 앞으로]를 클릭한다.

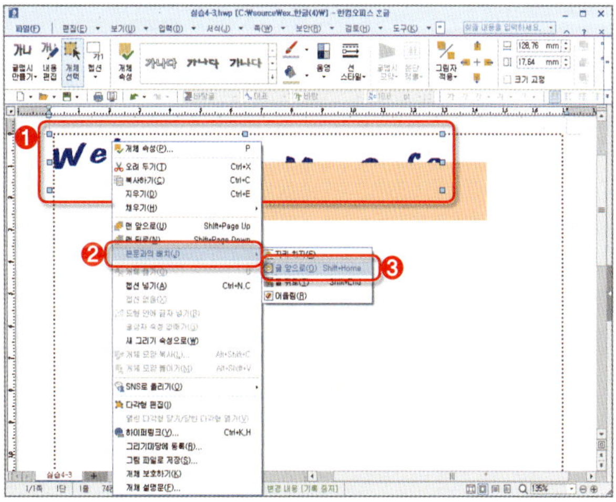

04 [글맵시] 도구 상자에서 [채우기]는 [탁한 황갈], [선 스타일] - [선 종류]는 [선 없음]을 선택한다.

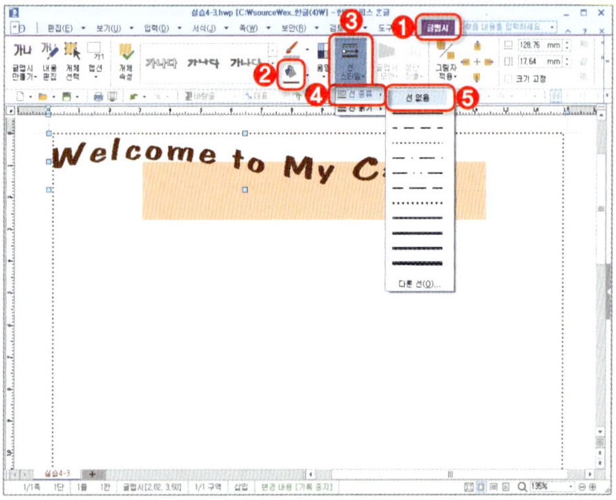

05 [글맵시] 도구 상자에서 [회전] - [개체 회전]을 클릭하면 글맵시를 자유롭게 움직일 수 있다. 다음과 같이 글맵시 개체를 회전시키고 적당한 위치에 배치한다.

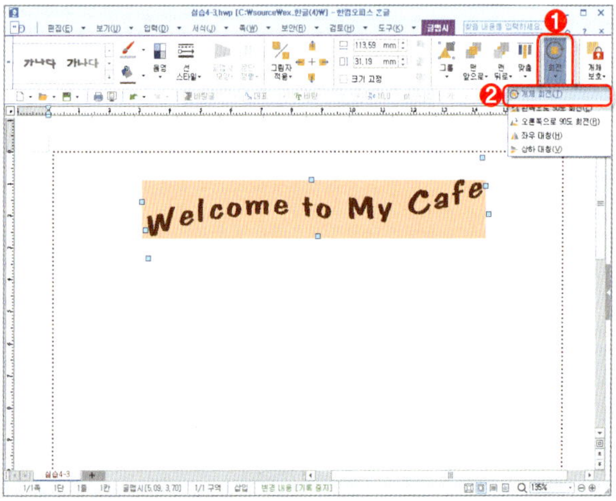

4.3 그림

그림 삽입은 미리 준비한 그림 파일을 문서에 넣는 기능으로, 전체 그림을 삽입하거나 그림의 일부분만 잘라 넣을 수 있다. 또한 그림을 확대하거나 축소하여 삽입할 수 있으며, 그림에 테두리나 그림 효과를 설정할 수도 있다. 문서에 그림을 삽입하고 편집하는 방법에 대하여 알아보자.

> **NOTE 한글에서 주로 사용하는 그림 파일 형식**
>
> - **BMP** : 윈도우 표준 비트맵 그림 형식
> - **GIF** : 통신을 위하여 주로 이용되는 그림 형식
> - **JPG** : 트루 컬러의 화질을 그대로 보존하면서도 파일의 크기를 획기적으로 줄이는 그림 형식
> - **PNG** : 웹 디자인을 위하여 만들어진 그림 형식
> - **TIFF** : 어도비에서 만든 호환성이 높은 DTP용 그림 형식

▶ 준비파일 : 실습4-4.hwp

실습 4-4 그림 삽입하고 편집하기

| 단계 1 | 그림 삽입하기

01 '실습4-4.hwp' 파일을 불러온 후 [입력] 메뉴 – [그림] – [그림]을 선택한다.

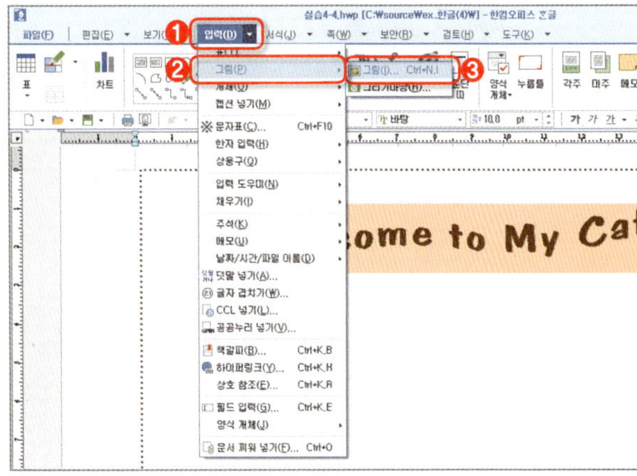

TIP [입력] 도구 상자에서 [그림]을 클릭해도 된다.

02 [그림 넣기] 대화상자가 열리면 예제로 제공되는 '커피1.bmp' 파일을 선택하고 [넣기]를 클릭한다.

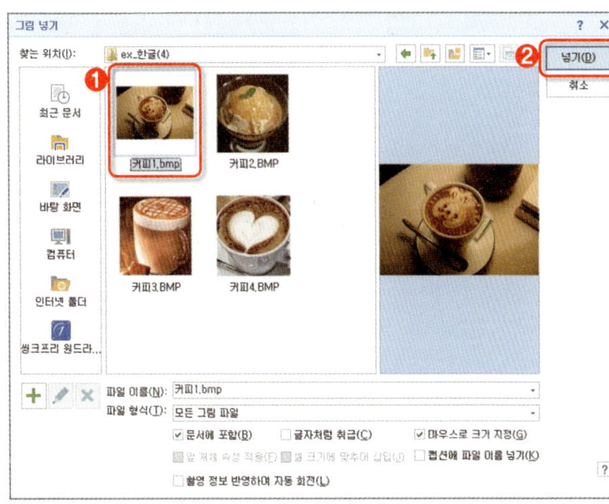

03 마우스로 드래그하여 그림을 적당한 위치에 삽입한다.

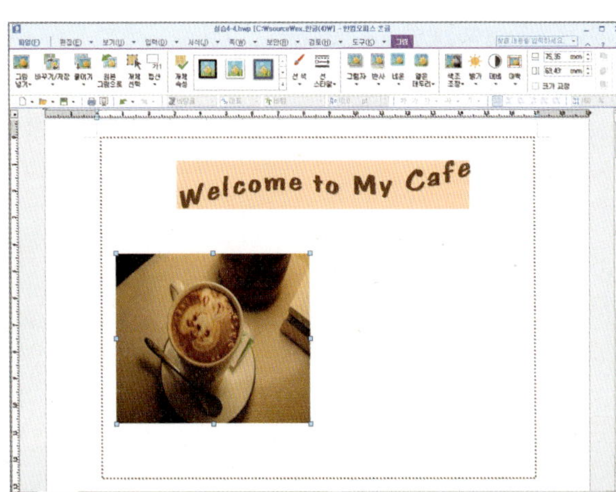

NOTE [그림 넣기] 대화상자

[그림 넣기] 대화상자의 하단에는 그림을 넣을 때 적용되는 옵션들이 있다.

- **문서에 포함** : 그림 파일 자체를 문서에 포함시키는 옵션이다. 그림을 문서에 포함시키지 않으면 문서를 복사하여 다른 곳으로 이동할 때 그림 파일 원본도 함께 가져가야 한다.
- **글자처럼 취급** : 이 옵션을 선택하면 그림이 글자처럼 취급되기 때문에 글자를 입력하거나 지울 때와 같은 방식으로 그림을 다루어야 한다.
- **마우스로 크기 지정** : 그림을 넣을 때 현재 커서 위치에 넣지 않고 마우스를 드래그하여 삽입한다.

| 단계 2 | 그림 편집하기

01 그림이 선택된 상태에서 [그림] 도구 상자 – [스타일] 목록에서 [회색 아래쪽 그림자]를 선택한다.

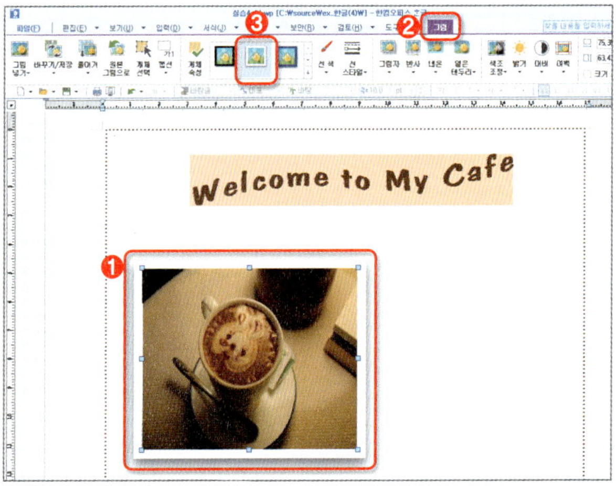

02 같은 방법으로 그림 '커피2.bmp', '커피3.bmp', '커피4.bmp'를 삽입하고 크기를 줄인 후 다음과 같이 배치한다.

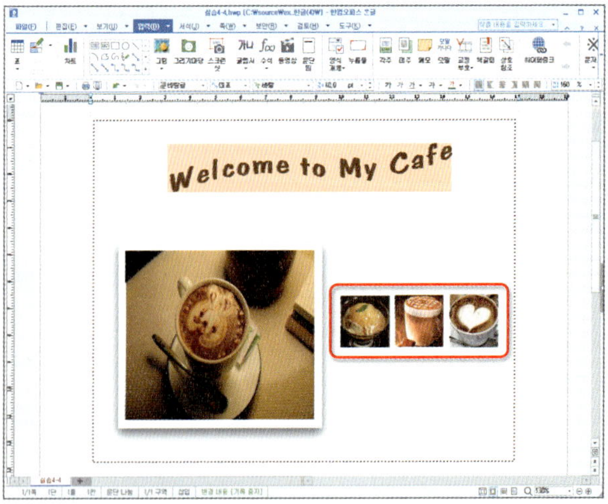

03 그림 크기와 간격을 맞추기 위해 커피 그림 3개를 모두 선택한 후 [그림] 도구 상자 – [너비/높이를 같게]를 클릭한다.

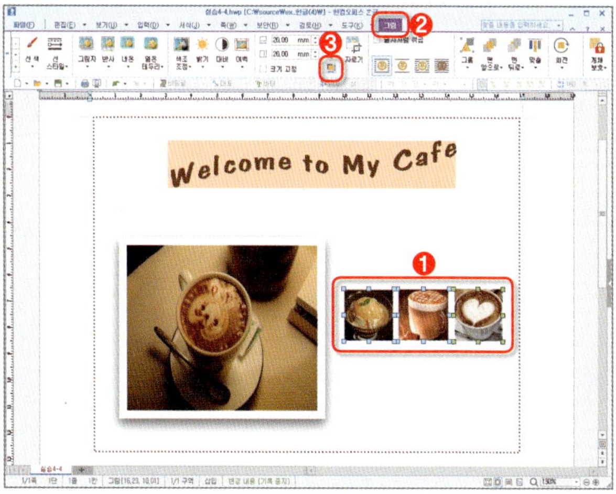

04 그림 3개를 선택한 상태에서 [그림] 도구 상자 – [맞춤]을 클릭하고 [위쪽 맞춤]을 선택한다. 같은 방법으로 [가로 간격을 동일하게]도 선택한다.

05 그림 3개를 선택한 상태에서 [그림] 도구 상자 – [네온]을 클릭한 후 [강조 색 2, 5 pt]를 선택한다.

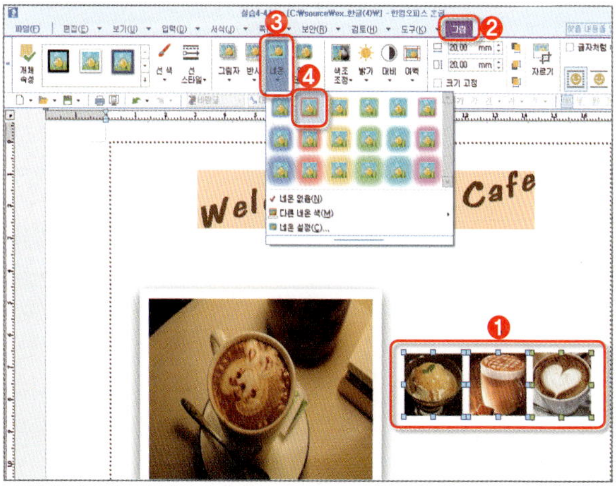

06 다음과 같이 그림 하나를 선택한 후 마우스 오른쪽 버튼을 누르고 팝업메뉴에서 [캡션 넣기]를 클릭한 후 '아보카도'로 입력한다.

07 나머지 2개의 그림에 '카라멜 마끼아또', '카페라테'라는 캡션을 입력한다. 3개의 캡션에 [글꼴]은 '견고딕'으로 바꾸고 '가운데 정렬'을 한 후 문서를 완성한다.

요약

IT COOKBOOK

1 그리기 개체

- 그리기 개체에는 직선, 직사각형, 타원, 호, 다각형 등이 있으며, [입력] 도구 상자에서 도구를 선택하고 문서에 마우스로 드래그하여 삽입할 수 있다. 또한 개체를 선택하면 나타나는 [도형] 도구 상자를 이용하여 개체를 편집할 수 있다.
- Shift 를 누른 채 도형을 그리면 수평, 수직, 정원, 정사각형 등을 그릴 수 있다.

2 글상자

- 본문에 박스형 요약 글을 넣을 때 주로 글상자를 이용한다. 글상자는 위치와 크기를 원하는 대로 조절할 수 있으며, 글상자 안에 채우기 효과를 적용하거나 테두리의 모양과 색깔 등을 자유롭게 설정할 수 있어 쓰임새가 다양하다.
- [입력] 메뉴 – [개체] – [글상자]를 선택하거나 [입력] 도구 상자의 [개체] 모음에서 선택하여 삽입한다.

3 글맵시

- 글맵시는 일반적인 글자 입력과는 달리 그리기 개체 형태로 텍스트를 문서에 삽입하는 기능이다. 글맵시로 입력한 글자는 모양을 구부릴 수 있고, 외곽선, 면 채우기, 그림자, 회전 등의 효과를 주어 꾸밀 수도 있다.
- [입력] 메뉴 – [개체] – [글맵시]를 선택하거나 [입력] 도구 상자 – [글맵시]를 클릭하여 삽입한다.

4 그림

- 그림 삽입은 미리 준비한 그림 파일을 문서에 넣는 기능이다. 전체 그림을 삽입하거나 그림의 일부분만 잘라 넣을 수도 있다. 또한 그림을 확대하거나 축소하여 삽입할 수 있으며 그림에 테두리나 그림 효과를 설정할 수도 있다.
- [입력] 메뉴 – [그림] – [그림]을 선택하거나 [입력] 도구 상자 – [그림]을 클릭하여 삽입한다.

연습문제

1 '연습4-1.hwp' 파일을 열어 아래 조건에 맞게 완성하고 '연습4-1(완성).hwp'로 저장하시오.

| 조건 | 준비파일 : 연습4-1.hwp, 가족1.bmp, 가족2.bmp, 가족3.bmp

① 제목은 글맵시 이용

- 입력 내용 : 'My Family', 글꼴 : 양재 소슬, 채우기 : 파란색 그러데이션 – 역 갈매기형 수장 모양

② 그림 삽입

- 필름 모양 사각형 안에는 '가족1.bmp', '가족2.bmp', '가족3.bmp'를 각각 삽입하시오(그림 효과 : 옅은 테두리 3pt).

③ 글상자 삽입

- 아래 내용을 입력한 후 글상자 테두리와 채우기를 임의로 지정하시오.

연습문제

IT COOKBOOK

2 '연습4-2.hwp' 파일을 열어 아래 조건에 맞게 완성하고 '연습4-2(완성).hwp'로 저장하시오.

| 조건 | ▶ 준비파일 : 연습4-2.hwp, 돌1.bmp, 돌2.bmp, 돌3.bmp

① 제목은 글맵시 이용

- 입력 내용 : 'Invitation for 1'st Birthday', 글꼴 : 견고딕, 글꼴 색 : 남색

② 그림 삽입

- 왼쪽 단에는 '돌1.bmp'를 삽입하시오(스타일 : 회색 아래쪽 그림자).
- 오른쪽 단에는 '돌2.bmp', '돌3.bmp', '돌1.bmp'를 삽입하시오(그림 효과 : 네온 강조 색 3, 5pt).

③ 글상자 삽입

- 아래 내용을 입력한 후 글상자 테두리와 채우기를 임의로 지정하시오.

3 새 문서를 열어 아래 조건에 맞게 문서를 완성하고 '연습4-3(완성).hwp'로 저장하시오.

| 조건 | ▶ 준비파일 : 남이섬.bmp, 강촌.bmp, 대성리.bmp

① 제목은 글맵시 이용

- 입력 내용 : 'Best MT 장소', 글꼴 : 한컴 윤체 B, 채우기 : 밤색 그러데이션

② 그림 삽입

- 왼쪽 단에는 '남이섬.bmp'를 삽입하시오(스타일 : 회색 아래쪽 그림자).
- 오른쪽 단에는 '강촌.bmp', '대성리.bmp'를 삽입하시오(캡션 넣기, 옅은 테두리 20pt).

③ 글상자 삽입

- 아래 내용을 입력한 후 글상자 테두리와 채우기를 임의로 지정하시오.

IT COOKBOOK

PART 2
한글 2014 활용

SECTION ------ IT COOKBOOK

05 표 꾸미기

한글에서 표를 이용하면 복잡한 내용이나 수치 자료를 일목요연하게 정리할 수 있다. 이 장에서는 문서에 표를 만들고 삭제하는 방법, 셀 합치기와 셀 나누기, 셀 테두리 변경하기, 표 자동 채우기 등 표를 편집하고 활용하는 방법에 대하여 학습한다.

5.1 표 만들기

표는 행과 열로 구성되며, 행과 열이 만나서 이루어진 사각형 모양의 영역을 '셀'이라고 부른다. 표를 삽입할 때는 [입력] 메뉴나 [입력] 도구 상자를 이용하여 행과 열의 개수를 지정하거나 바둑판 모양의 표 상자를 드래그하여 만든다.

[표] 도구 상자

[표] 도구 상자는 표를 선택했을 때 메뉴 탭에 추가로 나타나며, 각각의 기능은 다음과 같다.

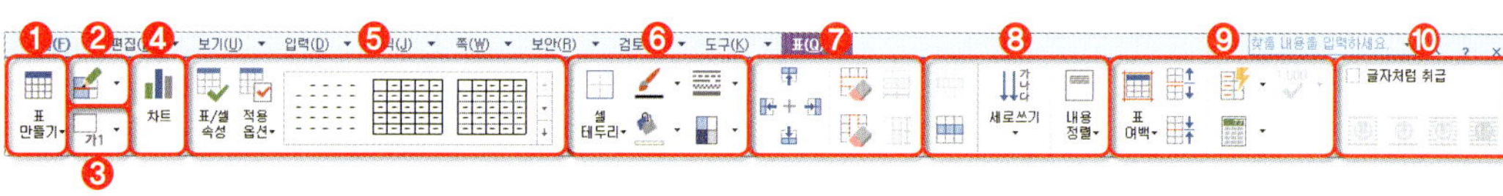

❶ **표 만들기** : 줄 수와 칸 수를 지정하여 표를 만든다.

❷ **표 그리기/지우개** : 마우스를 드래그하여 직접 표를 만들거나 이미 만들어진 표의 줄이나 칸을 지울 수 있다.

❸ **캡션** : 개체의 여러 방향 중에 원하는 곳에 표의 캡션을 넣을 수 있다.

❹ **차트** : 차트 개체를 만들어 삽입할 수 있다.

❺ **스타일** : 적용 옵션을 선택하여 미리 제공된 다양한 표 스타일을 적용할 수 있다.

❻ **셀 속성** : 셀 테두리의 종류나 색, 굵기를 선택하고 테두리 위치를 지정할 수 있다.

❼ **줄/칸 편집** : 줄/칸을 추가하거나 지울 수 있으며, 셀 너비/높이를 같게 설정할 수 있다.

❽ **셀 편집** : 셀을 합치거나 나눌 수 있으며, 셀에 입력된 내용을 정렬할 수 있다.

❾ **표 편집** : 미리 설정된 표의 여백을 지정할 수 있으며 표를 나누거나 붙일 수 있다. 또한 표에 다양한 계산식을 적용할 수 있다.

❿ **배치** : 표를 배치하는 방식을 선택할 수 있다. 글자처럼 취급, 어울림, 자리 차지 등이 있다.

실습 5-1 표 만들기

| 방법 1 | [입력] 메뉴 이용하여 표 만들기

01 [표 만들기] 대화상자 이용하기 [입력] 메뉴 – [표] – [표 만들기]를 선택하고 [표 만들기] 대화상자에서 [줄 수]와 [칸 수]를 각각 입력한 후 [글자처럼 취급]에 체크 표시하고 [만들기]를 클릭하면 표를 만들 수 있다.

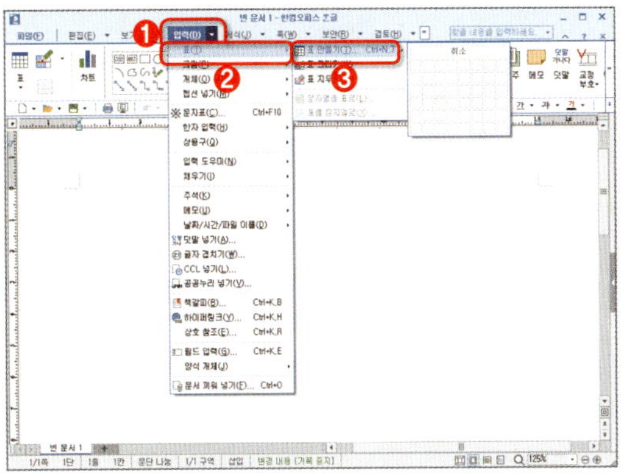

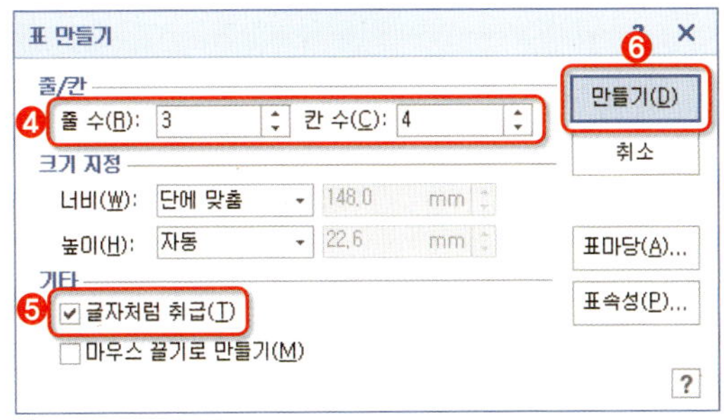

NOTE [표 만들기] 대화상자

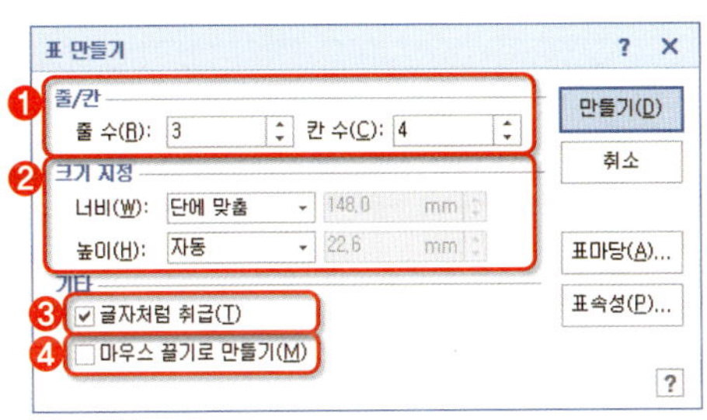

❶ **줄/칸** : 만들려는 표의 줄 수와 칸 수를 지정한다.

❷ **크기 지정** : 표의 너비와 높이를 지정하여 표의 크기를 미리 정할 수 있다.

❸ **글자처럼 취급** : 표를 보통 글자와 같이 취급하여 글을 입력하거나 지우는 대로 표의 위치가 같이 변한다.

❹ **마우스 끌기로 만들기** : 표가 바로 만들어지지 않고 마우스로 드래그해야 만들어진다.

02 표 상자 이용하기 [입력] 메뉴 – [표] – [표 만들기]의 목록 단추를 클릭하면 바둑판 모양의 표 상자가 나타난다. 이곳에서 원하는 표의 줄 수와 칸 수만큼 마우스를 드래그하면 표를 만들 수 있다.

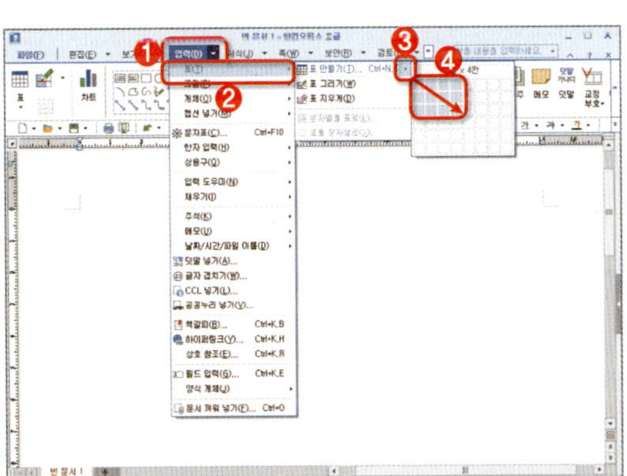

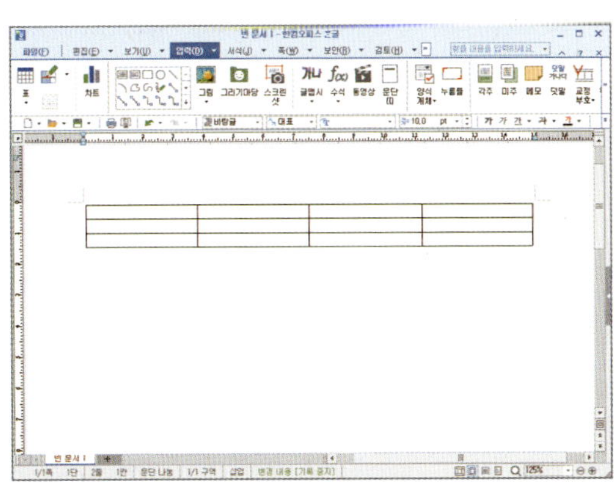

NOTE 표를 삭제하는 방법

① 표를 선택하고 Delete 를 누른다.

② 표를 선택한 후 마우스 오른쪽 버튼을 클릭하고 팝업메뉴에서 [지우기]를 선택한다.

③ 표를 선택하고 단축키 Ctrl + E 를 누른다.

| 방법 2 | [입력] 도구 상자 이용하여 표 만들기

01 [표 만들기] 대화상자 이용하기 [입력] 도구 상자 – [표]의 상단 부분(▦)을 클릭한다.

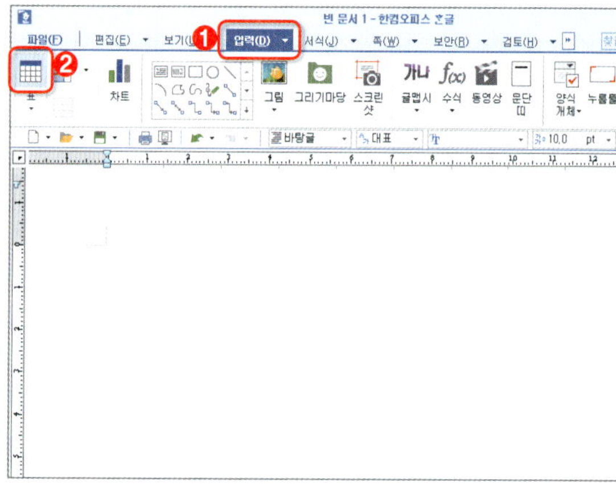

02 [표 만들기] 대화상자가 열리면 '줄 수' 와 '칸 수'를 입력하고 [마우스 끌기로 만들기]에 체크한 후 [만들기]를 클릭한다.

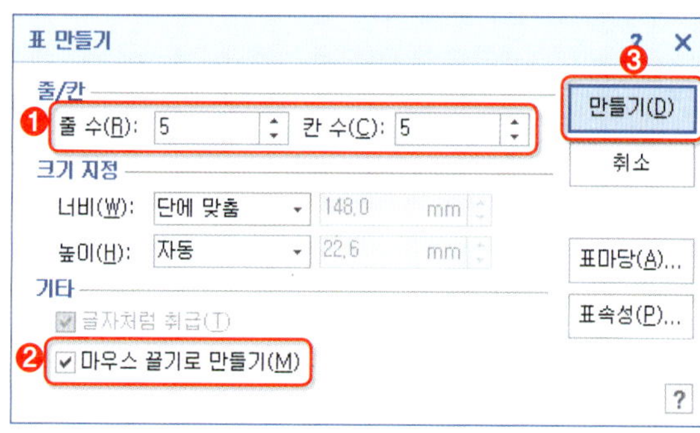

03 마우스 포인터가 ▦ 모양으로 바뀌면 원하는 크기만큼 마우스를 드래그하여 표를 만든다.

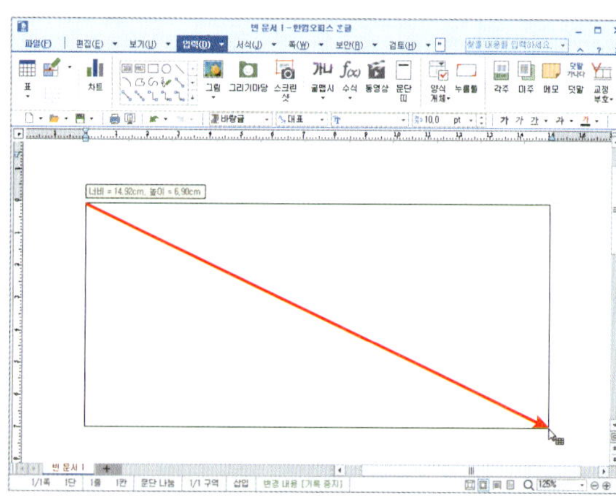

04 표 상자 이용하기 [입력] 도구 상자 – [표]의 목록 단추를 클릭하면 바둑판 모양의 표 상자가 나타난다. 여기에서 원하는 표 크기가 될 때까지 마우스를 드래그하면 문서에 표가 삽입된다.

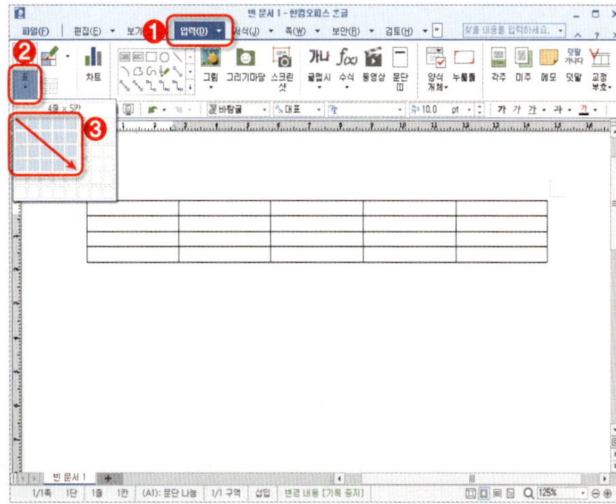

TIP [표 만들기] 대화상자의 [마우스 끌기로 만들기]에 체크가 되어 있으면 표 상자에서 드래그해도 문서에 표가 나타나지 않는다. 이 경우는 [글자처럼 취급]에 체크가 되어 있었기 때문에 표가 문서에 나타났다.

NOTE 표를 만드는 다른 방법

① 단축키 Ctrl + N, T를 누르면 열리는 [표 만들기] 대화상자로 표를 만든다.

② [편집] 도구 상자에서 [표]를 클릭하여 표를 만든다.

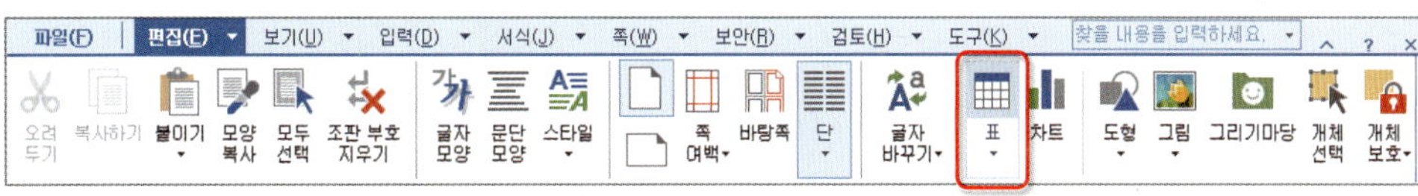

5.2 표 편집

표를 만든 후에는 마우스나 키보드로 셀을 선택하여 자유롭게 편집할 수 있다. 셀 블록 설정, 줄/칸 삽입과 삭제, 셀 나누기와 셀 합치기, 표 나누기와 표 붙이기 등 표를 편집하는 다양한 방법을 학습하여 원하는 모양의 표를 만들어 보자.

NOTE 셀 블록 설정

셀은 표를 구성하는 요소로 하나 이상의 셀이 모여서 표를 이룬다. 셀 안에 커서를 위치시키고 F5를 눌러 셀을 블록 설정한 후 Ctrl, Alt, Shift와 방향키를 동시에 누르면 셀 크기를 조절하거나 다른 셀로 블록을 확장할 수 있다. 셀을 블록 설정하는 이유는 다음과 같다.

- 셀을 하나로 합치거나 여러 개로 나누기 위해
- 크기를 조절하거나 여백을 조절하기 위해
- 셀의 테두리와 배경의 모양을 바꾸기 위해
- 셀 안에 있는 텍스트의 글자 모양과 문단 모양을 바꾸기 위해

▶ 준비파일 : 실습5-2.hwp

실습 5-2 셀을 블록 설정하기

01 키보드 이용하기 '실습5-2.hwp' 파일을 불러온 후 표 안쪽에 커서를 위치시키고 F5를 눌러 셀 하나를 블록 설정한다. F5를 한 번 더 누른 후 방향키를 움직여 다음과 같이 여러 셀을 블록 설정한다.

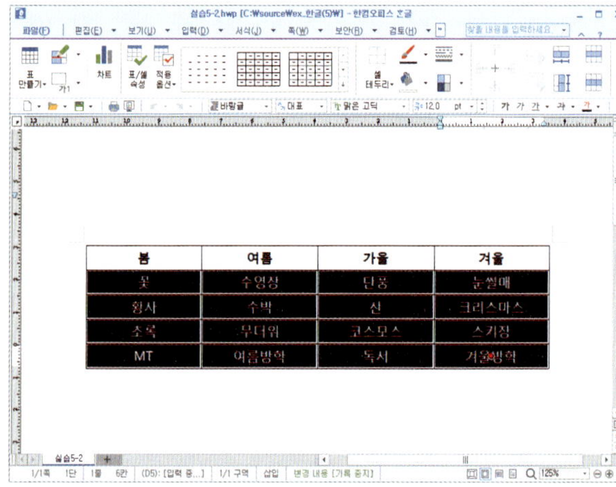

02 마우스 이용하기 블록 설정할 부분을 마우스로 드래그하면 원하는 셀 영역을 블록 설정할 수 있다. 또한 다음과 같이 Ctrl을 누른 채 셀을 선택하면 떨어져 있는 셀들도 블록 설정할 수 있다.

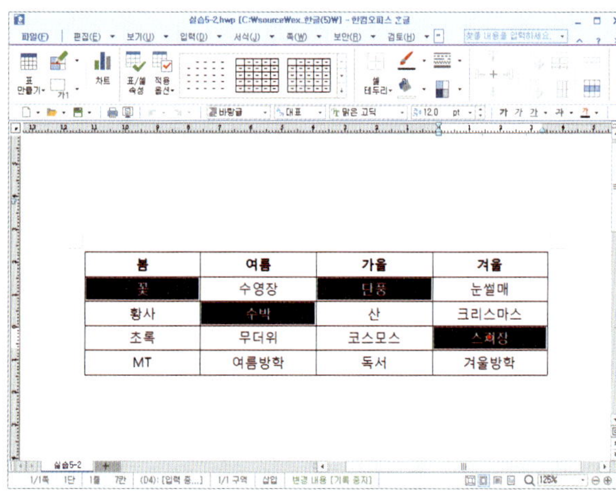

TIP 블록 설정을 해제하려면 Esc를 누르거나 마우스로 표 밖의 임의의 위치를 클릭한다.

NOTE 셀을 블록 설정하는 다양한 방법

- **셀 하나 선택하기** : F5를 한 번만 누르거나 Ctrl을 누른 채 마우스를 클릭한다.
- **연속적인 셀 선택하기** : F5를 두 번 누르고 방향키를 누르거나 F5를 한 번 누르고 Shift를 누른 채 마지막 셀을 마우스로 클릭한다.
- **비연속적인 셀 선택하기** : Ctrl을 누른 채 원하는 셀들을 마우스로 클릭한다.
- **전체 셀을 블록 설정하기** : F5를 세 번 누르거나 마우스로 처음부터 마지막 셀까지 드래그한다.

▶ 준비파일 : 실습5-3.hwp

실습 5-3 표에 줄/칸 추가하기

| 단계 1 | [표] 메뉴 이용하여 줄 추가하기

01 '실습5-3.hwp' 파일을 불러온 후 줄을 삽입할 2번째 줄에 커서를 위치시키고 [표] 메뉴 - [줄/칸 추가하기]를 클릭한다.

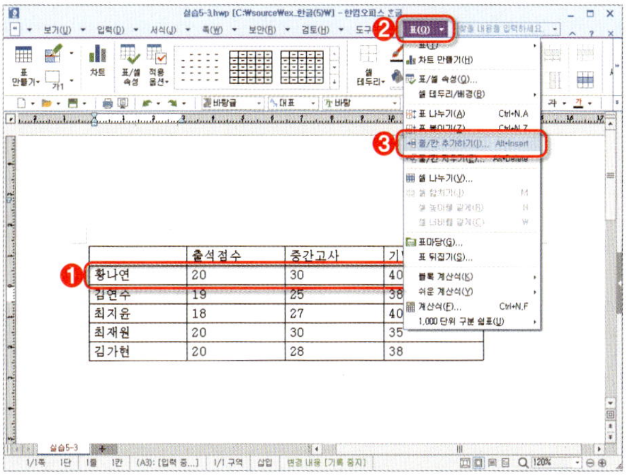

02 [줄/칸 추가하기] 대화상자에서 [아래쪽]을 선택하고 [줄/칸 수]에 '1'을 입력한 후 [추가]를 클릭한다.

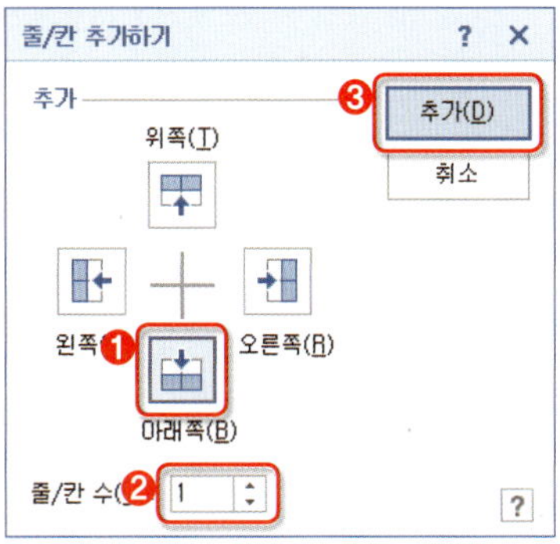

03 새로 추가된 3번째 줄로 이동하여 [표] 메뉴 - [줄/칸 지우기]를 클릭한 후 [줄/칸 지우기] 대화상자에서 [줄]을 선택하고 [지우기]를 클릭하면 새로 추가된 줄이 삭제된다.

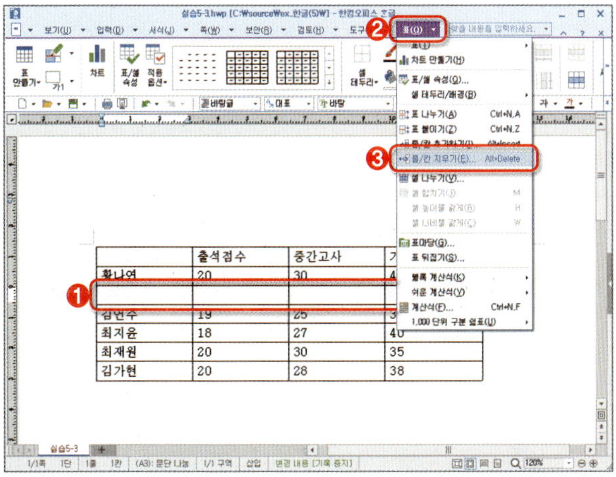

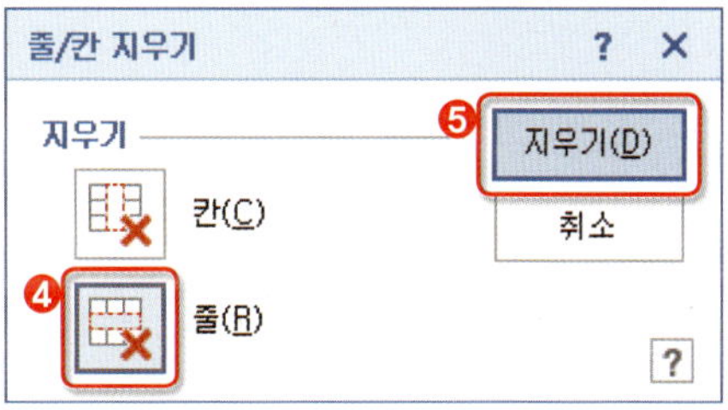

| 단계 2 | [표] 도구 상자 이용하여 칸 추가하기

01 커서를 맨 오른쪽 열에 위치시키고 [표] 도구 상자 – [오른쪽에 칸 추가하기]를 클릭한다.

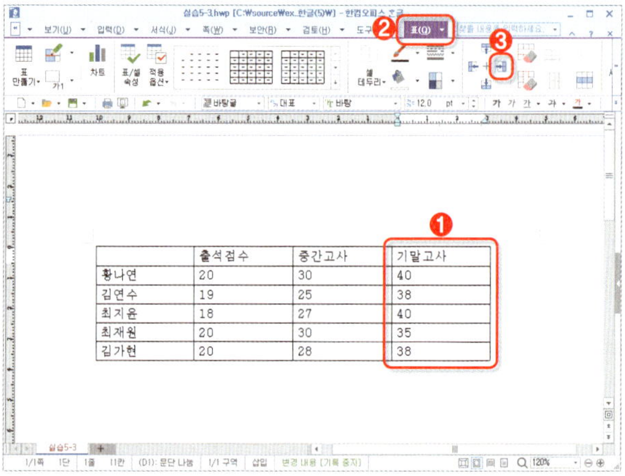

TIP [표] 탭은 표를 선택하면 나타나고 표 이외의 위치를 클릭하면 사라진다.

02 커서가 위치한 열의 오른쪽에 다음과 같이 새로운 칸이 추가된다.

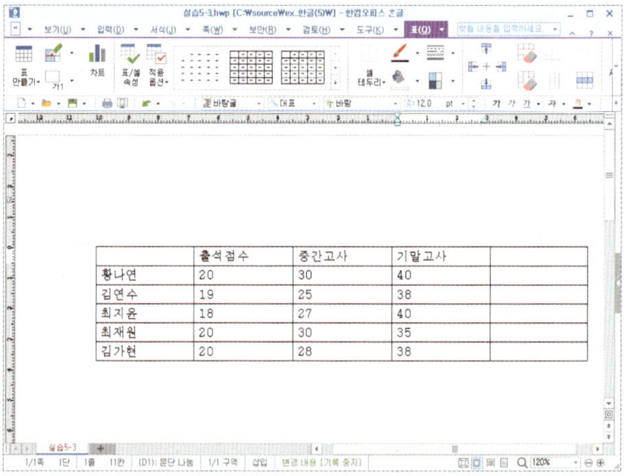

▶ 준비파일 : 실습5-4.hwp

실습 5-4 표/셀 크기 조절하기

01 **표 전체 블록 설정하기** '실습5-4.hwp' 파일을 불러온 후 표 안 임의의 위치에 커서를 위치시키고 F5를 세 번 눌러 표 전체를 블록 설정한다.

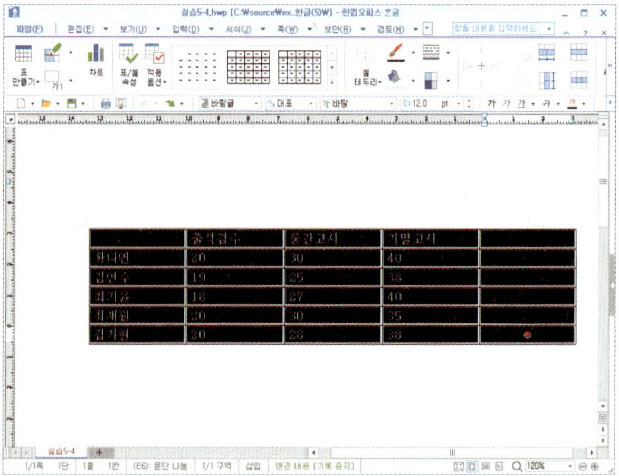

TIP 첫 셀부터 마지막 셀까지 마우스로 드래그하면 표 전체를 블록 설정할 수 있다.

02 표 전체 크기 조절하기 Ctrl을 누른 채 왼쪽 방향키(←)와 아래쪽 방향키(↓)를 이용하여 다음과 같이 적절하게 표의 크기를 조절한다.

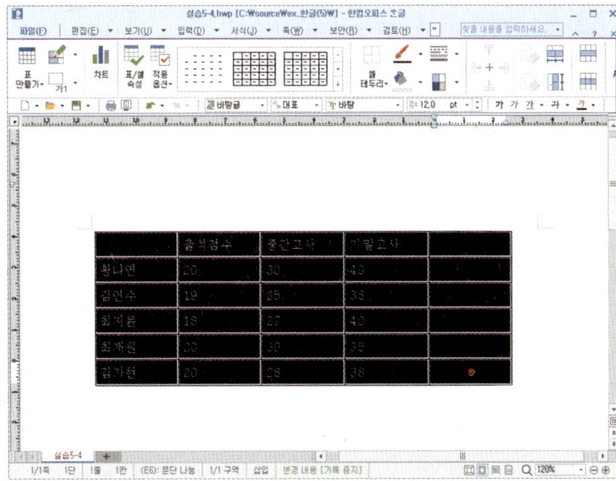

03 선택한 셀 크기 조절하기 첫 번째 칸에 커서를 두고 F5를 눌러 블록 설정한 후 Ctrl을 누른 채 왼쪽 방향키(←)와 아래쪽 방향키(↓)를 이용하여 다음과 같이 적절하게 표의 크기를 조절한다.

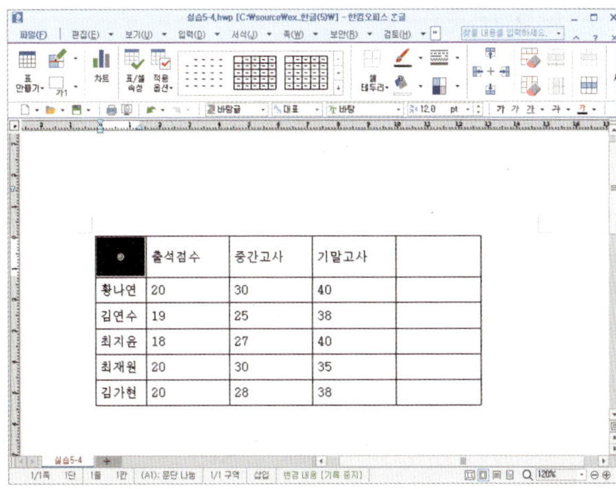

04 셀 너비를 같게 F5를 세 번 눌러 표 전체를 블록 설정한 후 [표] 도구 상자 – [셀 너비를 같게]를 클릭하면 표의 전체 셀 너비가 같아진다.

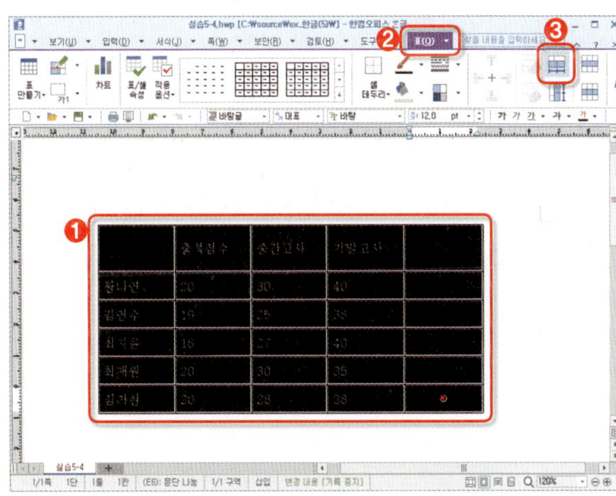

05 **셀 높이를 같게** [표] 도구 상자 – [셀 높이를 같게]를 클릭하면 표의 전체 셀 높이가 같아진다.

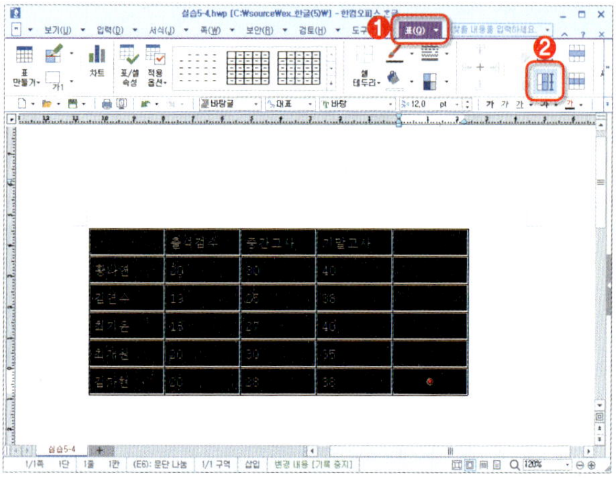

NOTE 셀 크기 조절하기

1. 키보드 이용하기

- Ctrl + **방향키** : 선택한 셀이 있는 행이나 열의 전체 크기가 변하면서 표의 크기도 변한다.
- Alt + **방향키** : 선택한 셀이 있는 행이나 열의 전체 크기가 변하지만 표의 크기는 변하지 않는다.
- Shift + **방향키** : 선택한 셀의 크기만 변하고 표의 크기는 변하지 않는다.

2. 마우스 이용하기

- Ctrl + **드래그** : 선택한 셀이 있는 행이나 열의 전체 크기가 변하면서 표의 크기도 변한다.
- Alt + **드래그** : 선택한 셀이 있는 행이나 열의 전체 크기가 변하지만 표의 크기는 변하지 않는다.
- Shift + **드래그** : 선택한 셀의 크기만 변하고 표의 크기는 변하지 않는다.

▶ 준비파일 : 실습5-5.hwp

실습 5-5 셀 나누기와 셀 합치기

01 **셀 나누기** '실습5-5.hwp' 파일을 불러온 후 다음과 같이 제목 셀들을 블록 설정하고 [표] 도구 상자 – [셀 나누기]를 클릭한다.

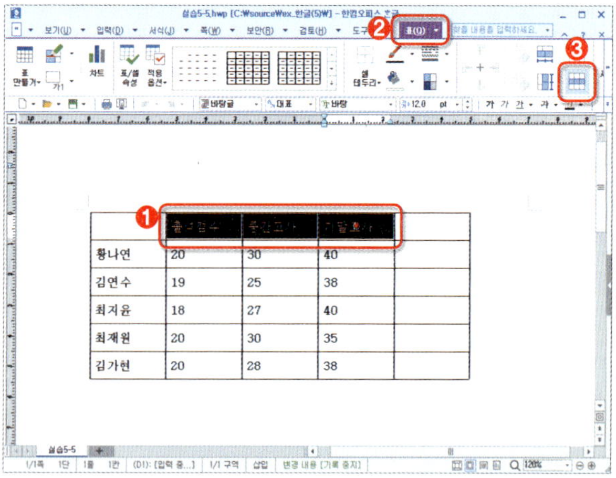

TIP 마우스 오른쪽 버튼을 클릭하여 팝업메뉴에서 [셀 나누기]를 선택하거나 단축키 S를 눌러도 된다.

02 [셀 나누기] 대화상자에서 '줄 수'에 '2'를 입력한 후 [나누기]를 클릭한다.

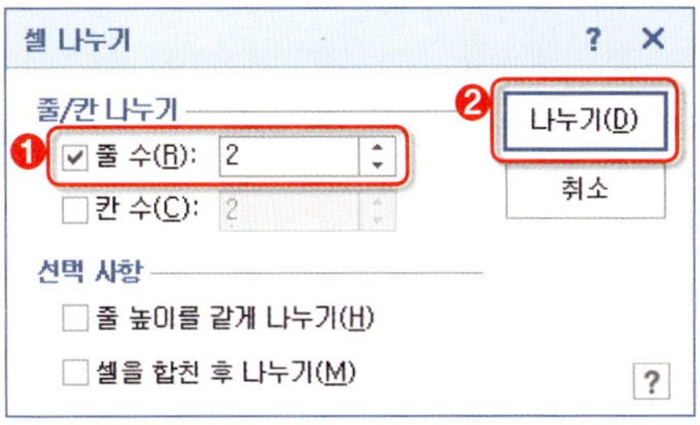

03 셀 붙이기 다음과 같이 블록 설정한 후 단축키 Ctrl + X를 눌러 내용을 오려 두고 바로 아래 셀에 커서를 위치시킨 후 단축키 Ctrl + V를 누른다. [셀 붙이기] 대화상자가 열리면 [내용만 덮어쓰기]를 선택하고 [붙이기]를 클릭한다.

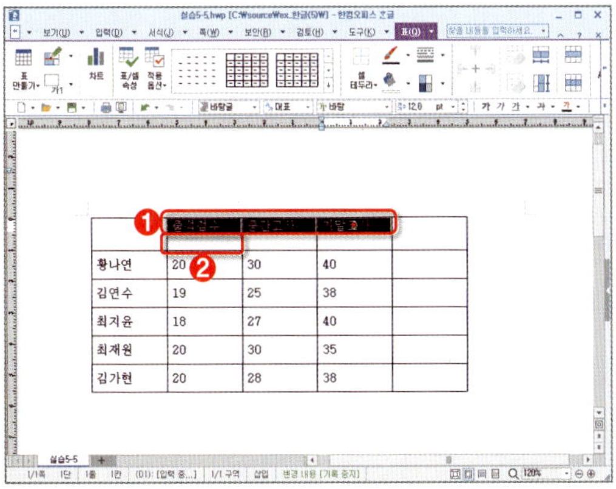

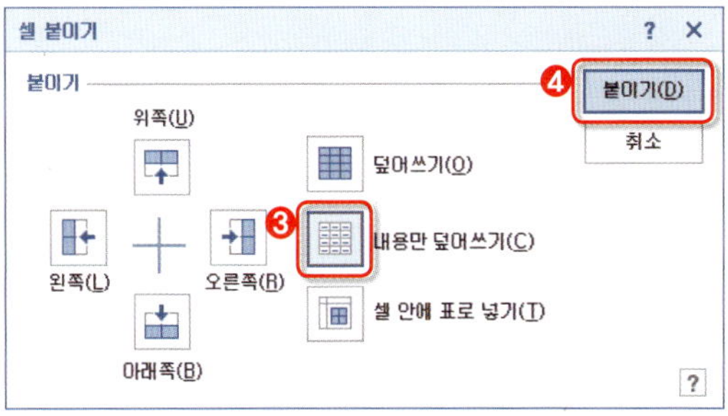

04 셀 합치기 하나로 합칠 셀들을 블록으로 설정한 후 [표] 도구 상자 – [셀 합치기]를 클릭한다. 합쳐진 셀에 다음과 같이 '1학기 성적'이라고 입력한다.

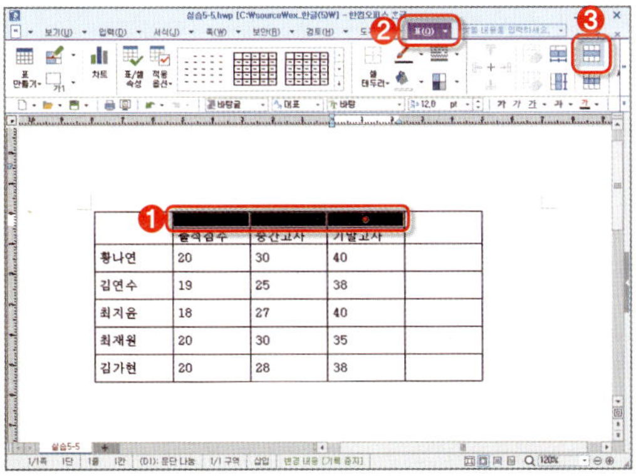

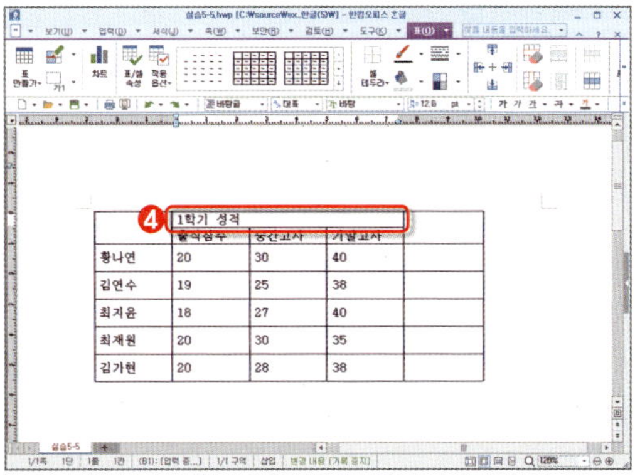

TIP 마우스 오른쪽 버튼을 클릭하고 팝업메뉴에서 [셀 합치기]를 선택하거나 단축키 M을 눌러도 된다.

▶ 준비파일 : 실습5-6.hwp

실습 5-6 표 나누기와 표 붙이기

01 **표 나누기** '실습5-6.hwp' 파일을 불러온 후 3번째 줄에 커서를 위치시키고 [표] 메뉴 – [표 나누기]를 클릭한다.

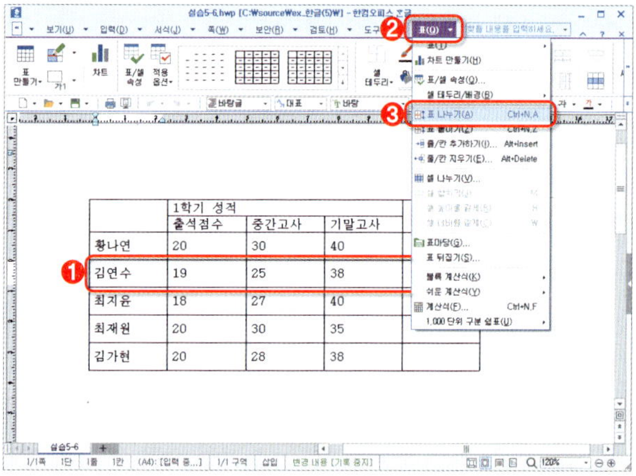

02 현재 커서가 위치한 줄부터 표가 나누어져 두 개의 표가 된다.

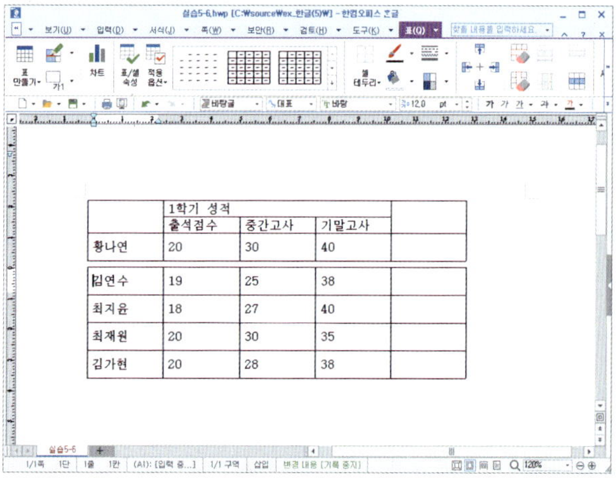

03 **표 붙이기** 붙이고자 하는 위쪽 표의 임의의 셀에 커서를 위치시키고 [표] 도구 상자 – [표 붙이기]를 클릭한다.

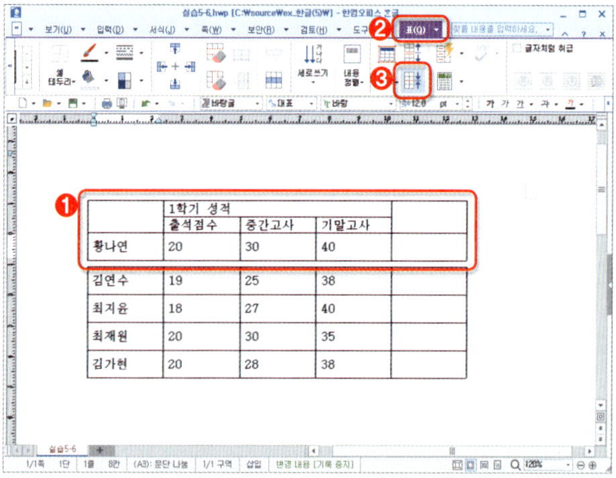

04 다음과 같이 나누어졌던 표가 다시 붙어 하나의 표가 된다.

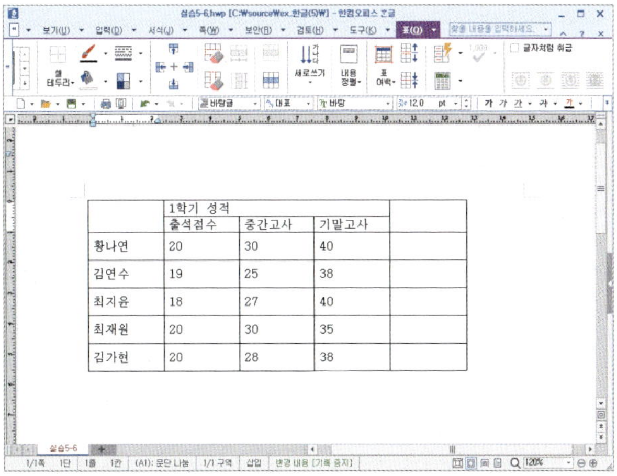

TIP [표 붙이기]를 실행하면 커서가 위치한 표의 아래에 있는 표와 합쳐지므로 반드시 붙이고자 하는 표 중 위쪽 표에 커서를 위치시킨 후 [표 붙이기]를 실행해야 한다.

5.3 표 서식 설정

셀 안의 글자 모양과 문단 모양을 변경하고, 테두리와 배경을 지정하여 표를 꾸미는 다양한 방법을 알아보자. 또한 한글 2014에서 제공하는 다양한 표 스타일을 적용하여 표를 꾸며보자.

▶ 준비파일 : 실습5-7.hwp

실습 5-7 글자 모양과 문단 모양 바꾸기

01 '실습5-7.hwp' 파일을 불러온 후 표 전체를 블록 설정하고 서식 도구 모음에서 [글꼴]은 '맑은 고딕'을 선택한다.

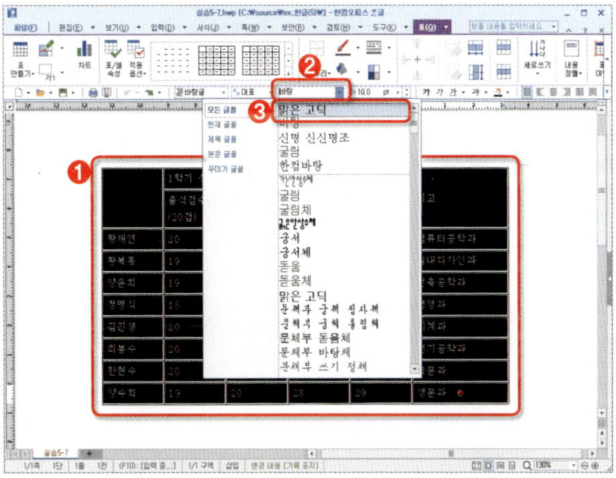

02 다음과 같이 블록 설정하고 서식 도구 모음에서 [가운데 정렬]을 클릭하여 셀 내용을 가운데로 정렬한다.

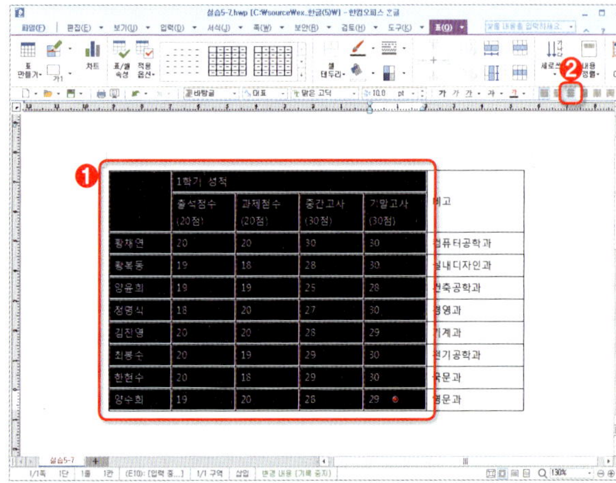

03 '비고' 열을 블록 설정한 후 단축키 Alt + T를 눌러 [문단 모양] 대화상자가 열리면 [기본] 탭에서 [왼쪽 여백]을 '5'로 지정하고 [설정]을 클릭한다.

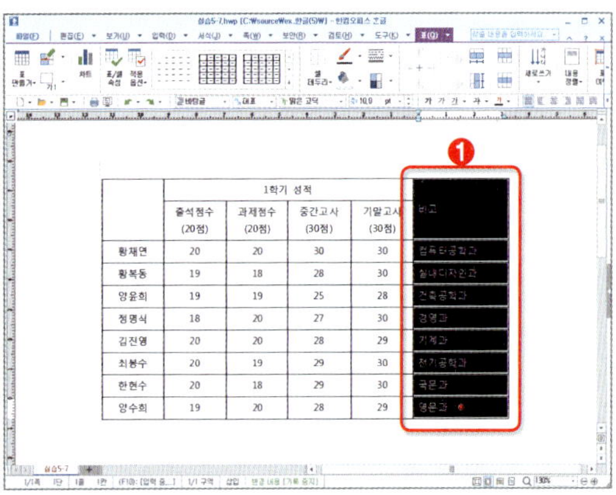

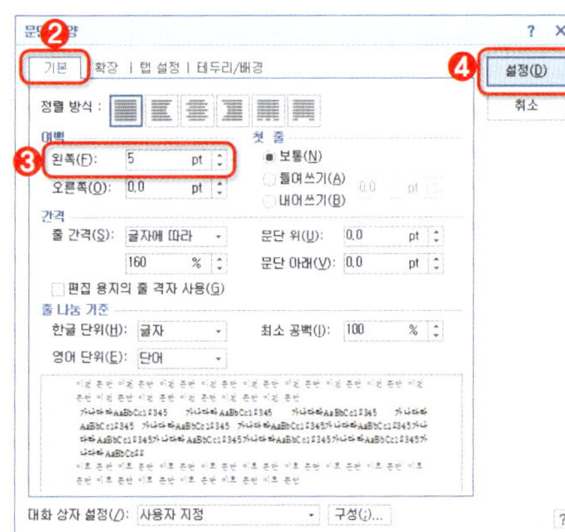

04 '비고' 열 왼쪽의 표 경계선과 텍스트 사이에 여백이 설정된다. Esc를 누르거나 표 바깥을 클릭하여 블록 설정을 해제한다.

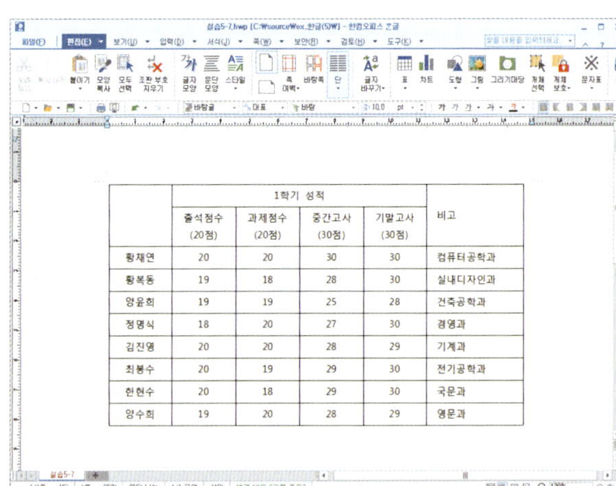

실습 5-8 셀 테두리 바꾸기

01 '실습5-8.hwp' 파일을 불러온 후 첫 번째 셀에 커서를 위치시키고 [표] 도구 상자 - [셀 테두리]의 목록 단추를 클릭한 후 [대각선 아래 ⧅]를 선택한다.

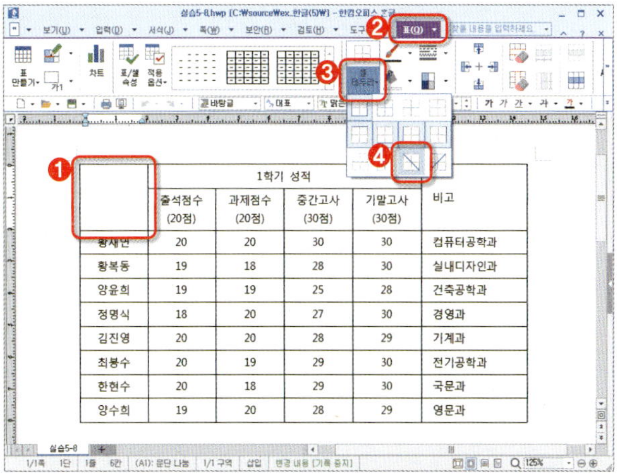

02 표의 첫 행을 블록 설정한 후 [표] 메뉴 - [셀 테두리/배경] - [각 셀마다 적용]을 클릭한다.

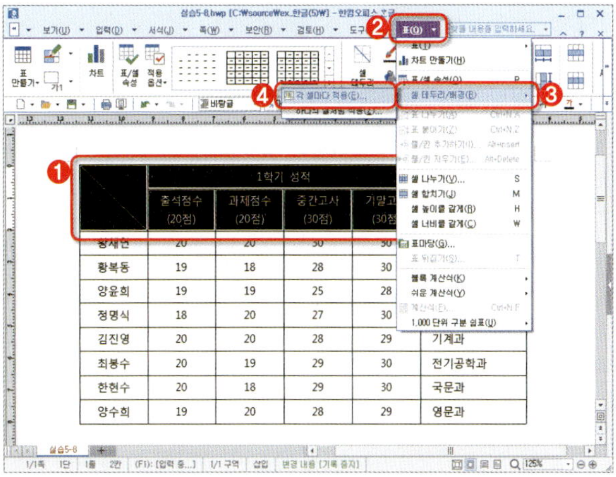

TIP 마우스 오른쪽 버튼을 클릭하여 팝업메뉴에서 [셀 테두리/배경] - [각 셀마다 적용]을 선택하거나 단축키 L을 눌러도 된다.

03 [셀 테두리/배경] 대화상자의 [테두리] 탭에서 [테두리]의 [종류]는 '이중 실선', [방향]은 '아래'를 선택하고 [설정]을 클릭한다.

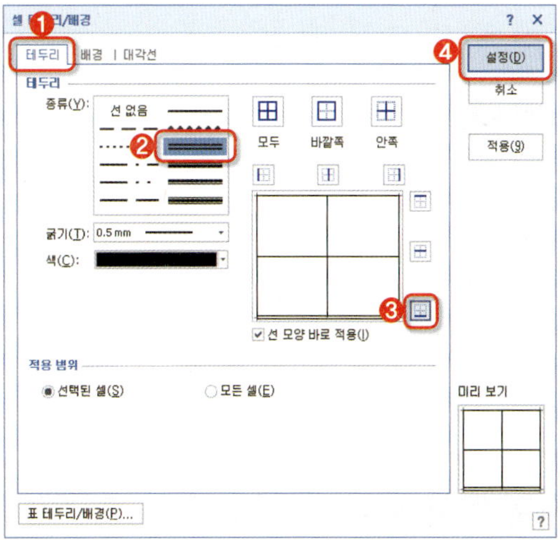

04 다음과 같이 블록 설정하고 [셀 테두리/배경] 대화상자를 열어 [테두리]의 [종류]는 '점선', [방향]은 '안쪽'을 선택한 후 [설정]을 클릭한다.

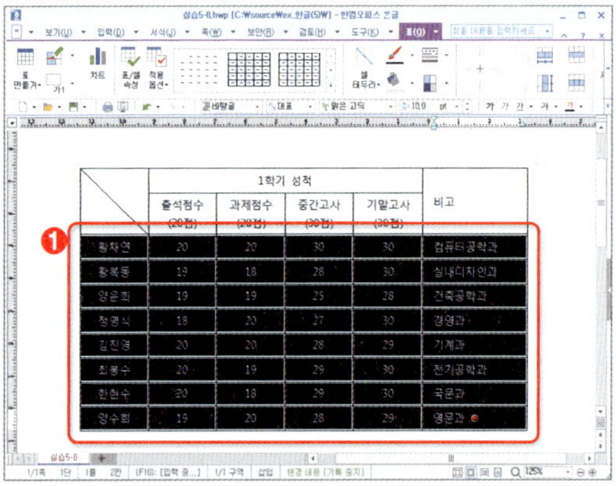

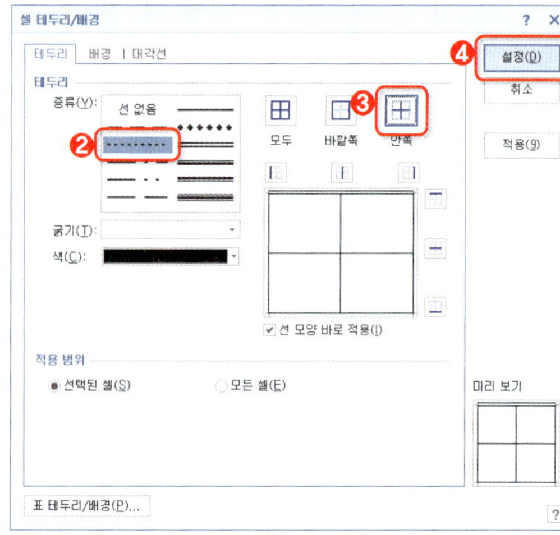

05 표 전체를 블록 설정하고 [셀 테두리/배경] 대화상자를 열어 [테두리]의 [종류]는 '실선', [굵기]는 '0.5mm', [방향]은 '바깥쪽'을 선택한 후 [설정]을 클릭한다.

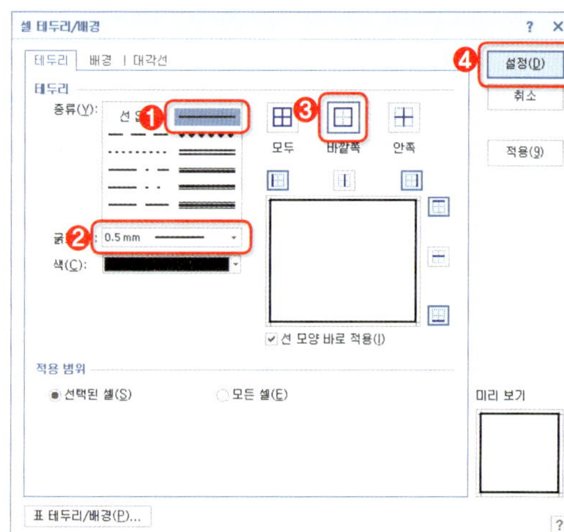

06 다음과 같이 표 전체의 테두리가 변경된다.

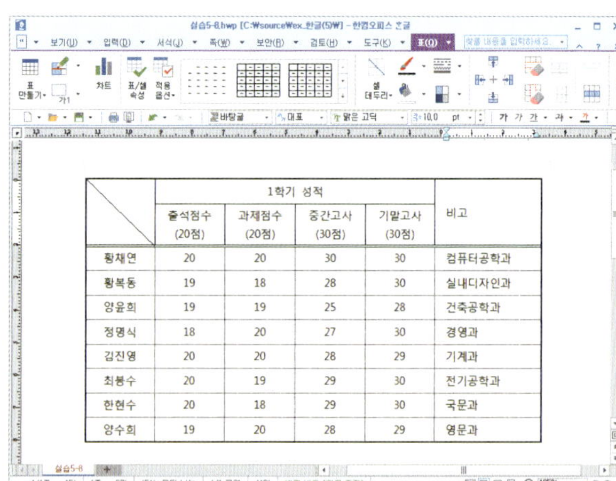

실습 5-9 셀에 배경 설정하기

01 '실습5-9.hwp' 파일을 불러온 후 표의 첫 행을 블록 설정한다. [표] 도구 상자 – [셀 배경색]의 목록 단추를 클릭하고 [노랑 80% 밝게]를 선택한다.

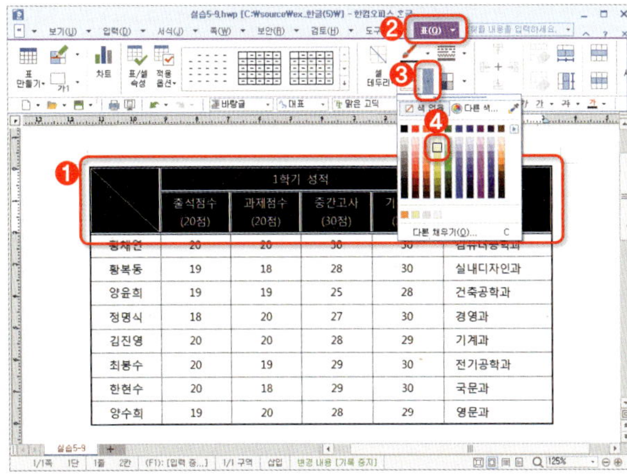

02 '비고' 열 아래 셀들을 블록 설정하고 [표] 메뉴 – [셀 테두리/배경] – [하나의 셀처럼 적용]을 선택한다.

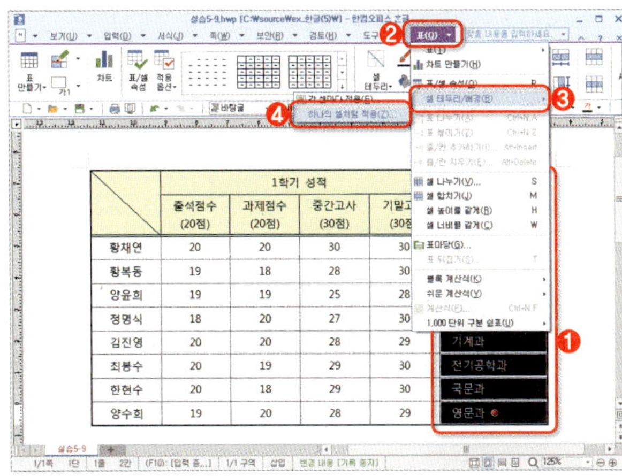

03 [셀 테두리/배경] 대화상자의 [배경] 탭에서 [그림]에 체크하고 [그림 넣기] 대화상자가 열리면 예제로 제공된 '책.bmp' 파일을 선택한 후 [넣기]를 클릭한다.

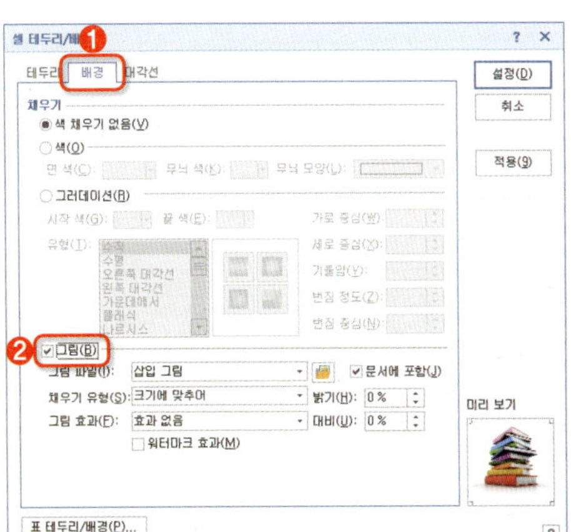

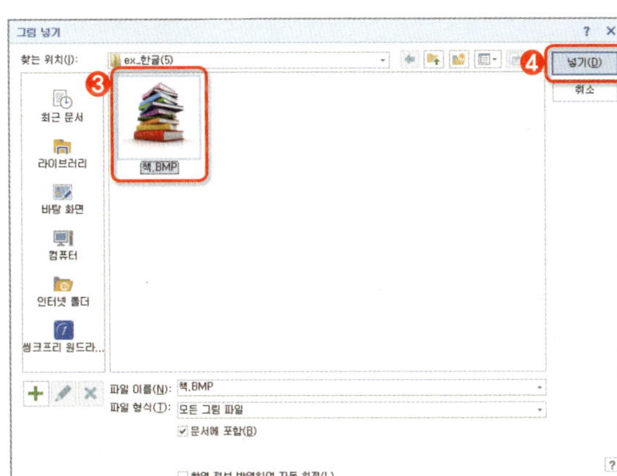

04 [셀 테두리/배경] 대화상자에서 [채우기 유형]은 '크기에 맞추어'를 선택하고 [워터마크 효과]에 체크한 후 [밝기]는 '70%', [대비]는 '-50%'를 입력하고 [설정]을 클릭하면 배경이 설정된다.

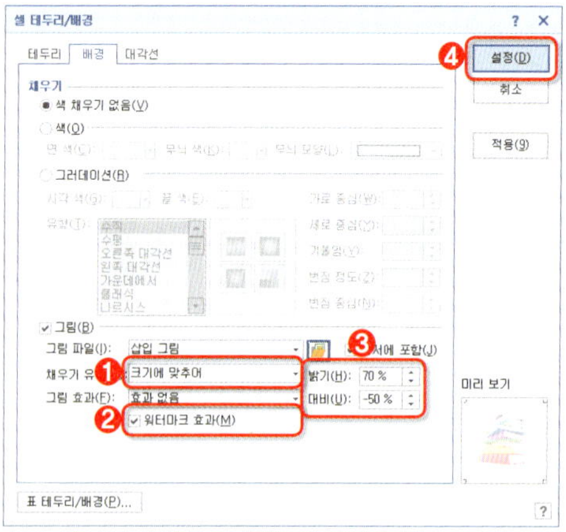

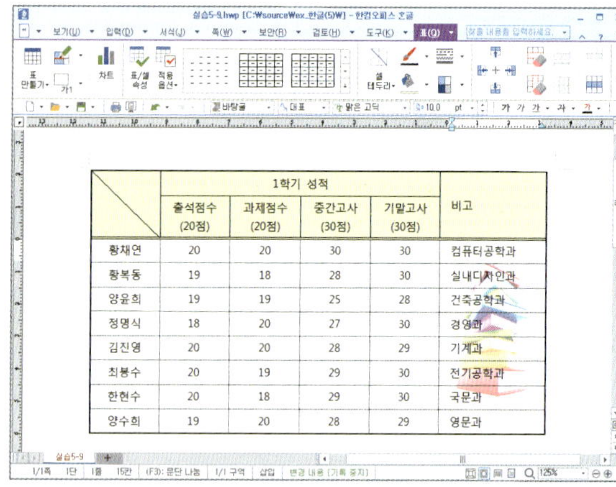

05 Ctrl을 이용하여 다음과 같이 마우스로 떨어진 셀들을 선택한 후 임의의 셀 배경색을 넣는다.

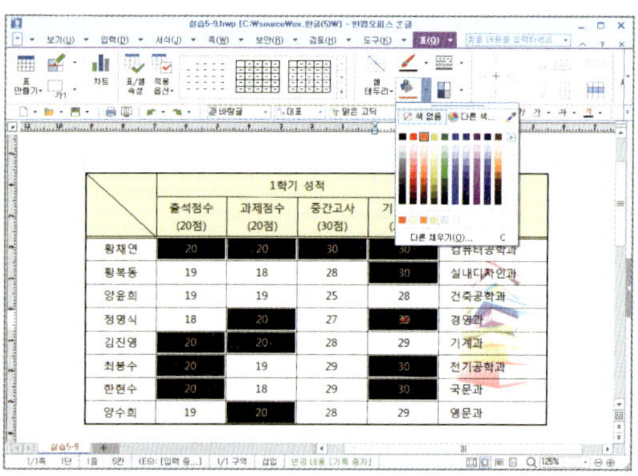

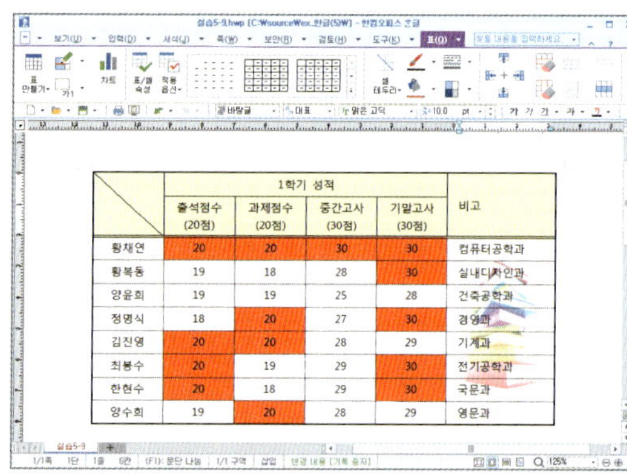

▶ 준비파일 : 실습5-10.hwp

실습 5-10 표 스타일 적용하기

01 '실습5-10.hwp' 파일을 불러온 후 표 안의 임의의 위치에 커서를 두고 [표] 도구 상자 – [스타일] 그룹 – [자세히 ▾]를 클릭한다.

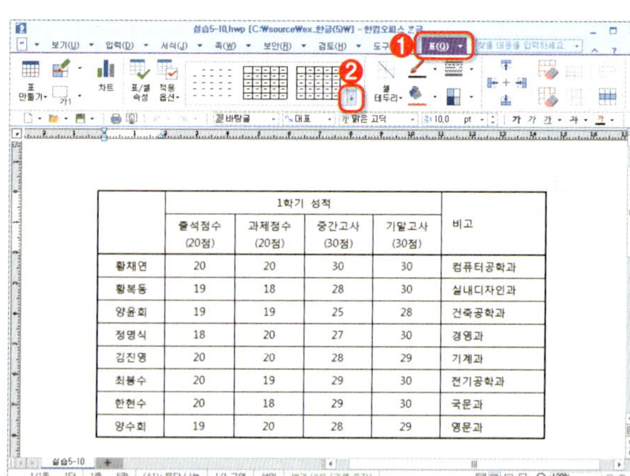

02 표 스타일 목록에서 [밝게 : 밝은 스타일 1 – 흑백 색조]를 클릭한다.

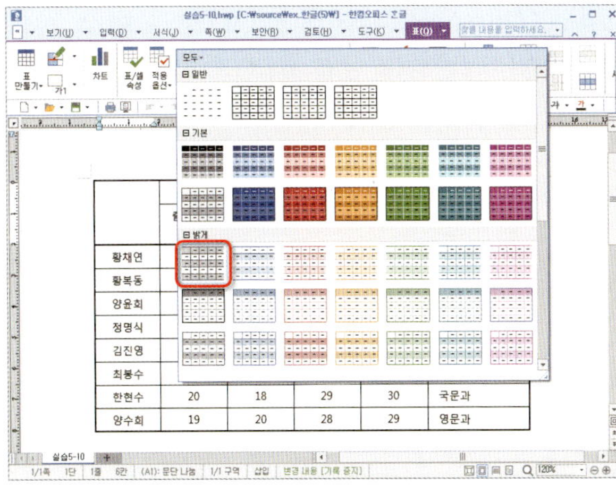

03 표 스타일이 적용되었지만 무조건 첫 번째 행만 제목으로 간주하기 때문에 제목 행의 모양이 적절하지 않다. 이를 방지하기 위해서는 사용자가 특정 부분을 제목 셀로 지정해야 한다.

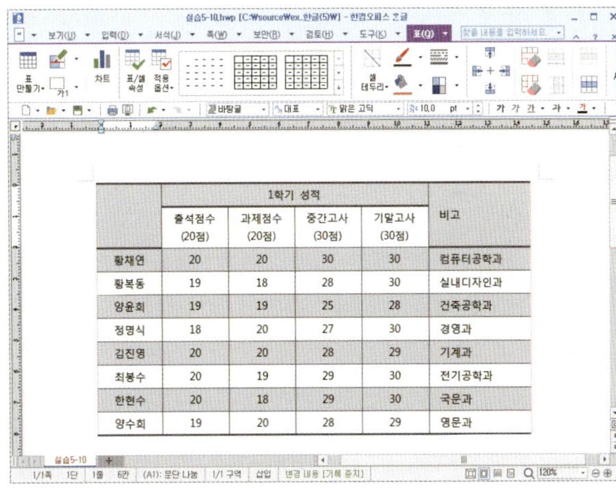

04 표의 첫 행을 블록 설정하고 [표] 도구 상자 – [표/셀 속성]을 클릭한다.

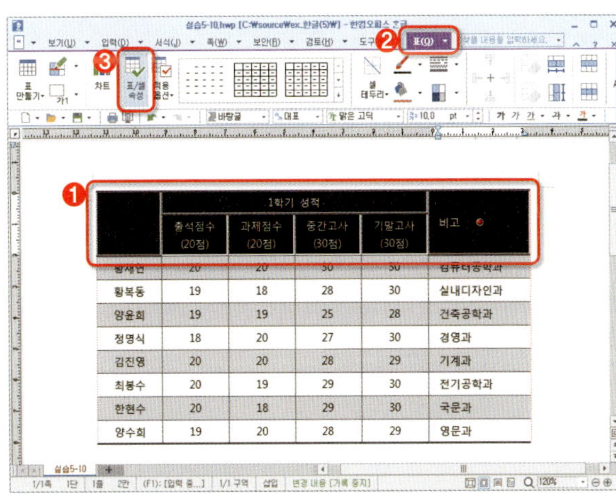

05 [표/셀 속성] 대화상자가 열리면 [셀] 탭의 [속성] 항목의 [제목 셀]을 체크하고 [설정]을 클릭한다.

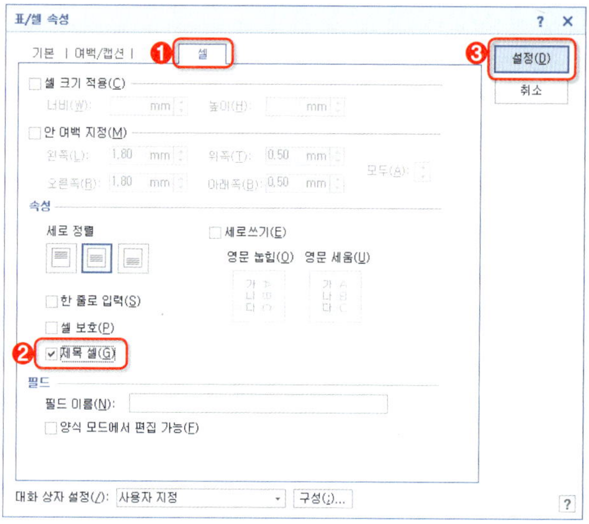

06 같은 방법으로 다시 표 스타일을 적용하면 다음과 같이 제목 셀이 알맞게 꾸며진다.

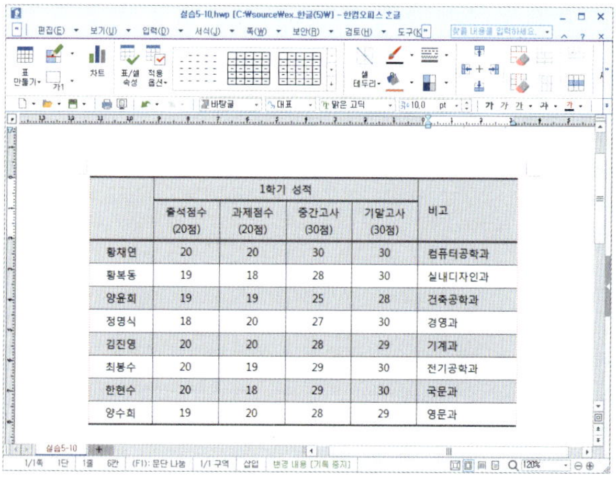

5.4 표 활용

표는 주로 데이터를 한눈에 보기 위해 사용하기 때문에 합계나 평균 등의 값을 입력하는 경우가 많다. 이때 사용자가 직접 계산하여 입력하지 않고 한글에서 제공하는 표 자동 채우기나 계산식을 사용하면 실수 없이 정확한 값을 입력할 수 있다. 블록으로 설정한 셀의 합계와 평균을 구하고 간단한 계산식을 사용하는 방법을 알아보자.

▶ 준비파일 : 실습5-11.hwp

실습 5-11 표 자동 채우기와 계산식 사용하기

| 단계 1 | 표 자동 채우기

01 '실습5-11.hwp' 파일을 불러온다. 번호를 채울 셀을 블록 설정한 후 [표] 도구 상자 - [채우기]의 목록 단추를 클릭하고 [표 자동 채우기]를 선택한다.

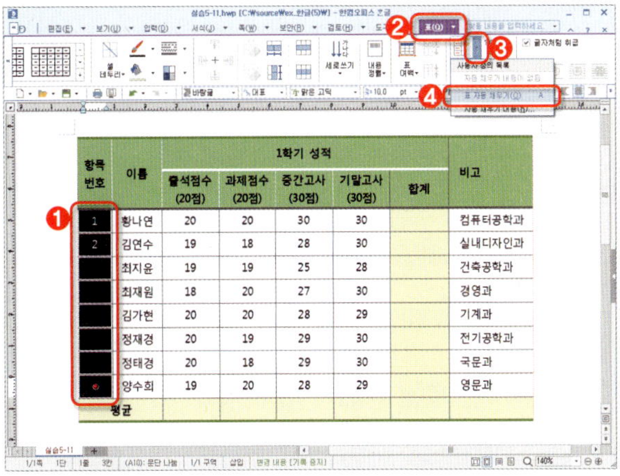

02 다음과 같이 선택한 셀에 번호가 자동으로 채워진다.

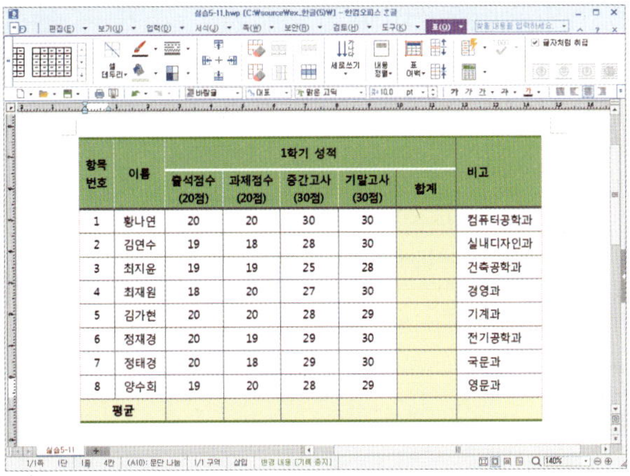

TIP [표 자동 채우기]로 채워지는 숫자는 처음에 입력한 두 숫자의 간격과 동일한 간격으로 입력된다.

| 단계 2 | 계산식 사용하기

01 **블록 합계 구하기** 다음과 같이 표를 블록 설정한 후 [표] 도구 상자 - [계산식]의 목록 단추를 클릭하고 [블록 계산식 : 블록 합계]를 선택한다.

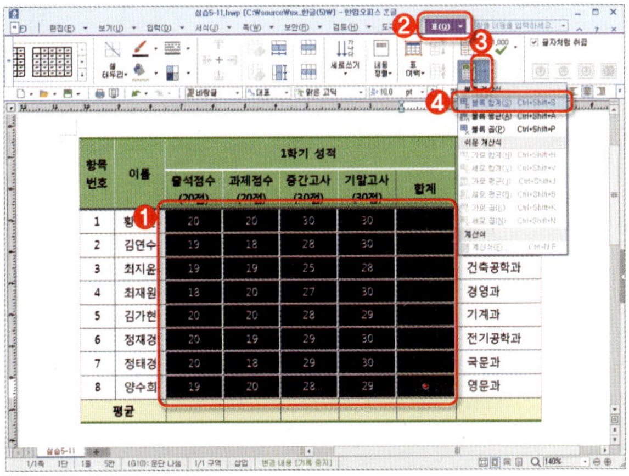

02 블록 평균 구하기 다음과 같이 표를 블록 설정한 후 [표] 도구 상자 – [계산식]의 목록 단추를 클릭하고 [블록 계산식 : 블록 평균]을 선택한다.

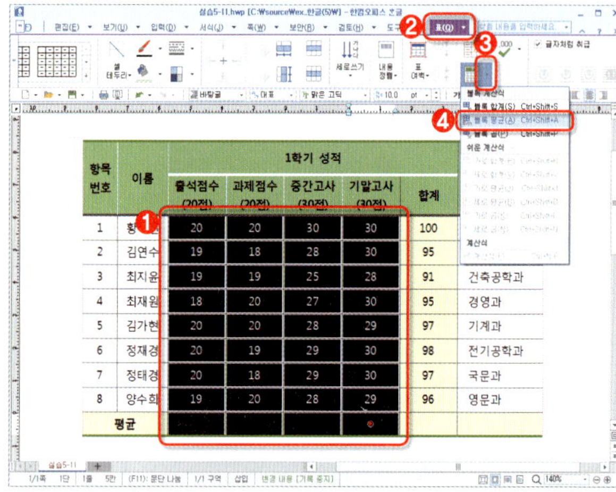

03 쉬운 계산식으로 구하기 '합계' 열의 마지막 셀에 커서를 두고 [표] 도구 상자 – [계산식]의 목록 단추를 클릭하고 [쉬운 계산식 : 세로 평균]을 선택한다.

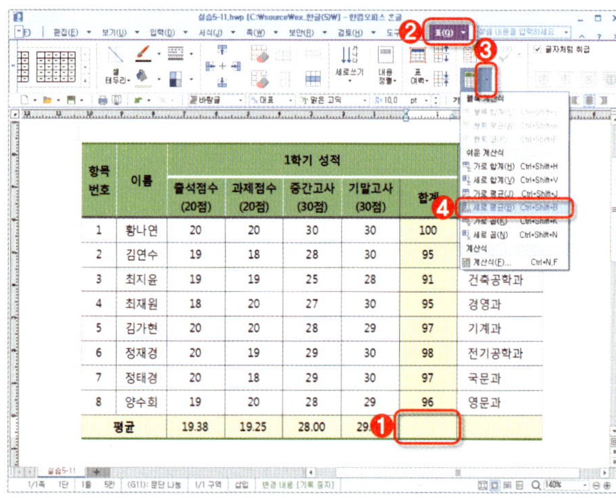

04 다음과 같이 '합계' 열의 평균이 구해진다.

요약

1 표 만들기

- [입력] 메뉴 – [표] – [표 만들기] 이용하기
- [입력] 도구 상자 – [표] 이용하기
- 단축키 Ctrl + N, T 이용하기
- [편집] 도구 상자 – [표] 이용하기

2 표 편집

- **줄/칸 추가하기** : [표] 메뉴 – [줄/칸 추가하기] 또는 [표] 도구 상자 이용하기
- **줄/칸 삭제하기** : [표] 메뉴 – [줄/칸 지우기] 또는 [표] 도구 상자 이용하기
- **셀을 블록 설정하기**
  - F5 한 번 누르기: 하나의 셀을 선택한다.
  - F5 두 번 누르기: 방향키를 이용하여 연속적으로 여러 셀을 선택한다.
  - F5 세 번 누르기: 표 전체를 선택한다.
- **셀 나누기** : [표] 도구 상자 – [셀 나누기]를 클릭한다.
- **셀 합치기** : [표] 도구 상자 – [셀 합치기]를 클릭한다.

3 표 서식 설정

- **셀 테두리 적용하기** : 블록 설정한 후 셀 테두리의 종류, 색, 방향 등을 설정한다.
- **셀 배경 넣기** : 블록 설정한 후 각 셀에 적용하거나 하나의 셀에 적용하여 셀의 색, 무늬, 그러데이션 효과, 그림 넣기 등을 설정한다.

4 표 활용

- **표 자동 채우기** : 일정한 규칙에 따라 셀 전체를 자동으로 채우는 기능으로, [표] 도구 상자의 [채우기]를 이용한다.
- **표 계산식** : 표에 입력된 수치를 이용하여 간단하게 계산할 수 있는 기능으로, [표] 도구 상자의 [계산식]을 이용한다.

연습문제

1 '연습5-1.hwp' 파일을 열어 아래 조건에 맞게 달력을 완성하고 '연습5-1(완성).hwp'로 저장하시오.

| 조건 | → 준비파일 : 연습5-1.hwp, 배경.jpg, 1.bmp, 2.bmp, 3.bmp

① '자동 채우기' 기능을 이용하여 요일과 숫자를 채우시오.

② 달력의 마지막 셀은 대각선 처리하시오.

③ '배경.jpg' 그림 파일을 달력 전체에 배경으로 넣으시오(워터마크 기능).

④ '1.bmp', '2.bmp', '3.bmp' 그림 파일을 오른쪽의 각 셀에 배경으로 넣으시오.

연습문제

IT COOKBOOK

2 '연습5-2.hwp' 파일을 열어 아래 조건에 맞게 완성하고 '연습5-2(완성).hwp'로 저장하시오.

| 조건 | ▶ 준비파일 : 연습5-2.hwp

① 전체 표 크기는 7×6 크기로 만들고 '셀 합치기'와 '셀 나누기'를 이용하여 전체 표를 완성한 후 내용을 입력한다.

② '셀 배경색'을 이용하여 꾸민다.

강 의 계 획 및 진 도 표

200 학년도 학기 한빛대학교

과 목 명	교양전산	이수 구분	교양, 전공기초, 전선	시간		담당 교수	양 숙 희
				학점			
담 당 학 과	컴퓨터공학	강의실		수 강 인 원			명
강 의 개 요 및 교 수 목 표							
교 수 방 법	강의 ( ) 토의 ( ) 실험 ( ) 실습 ( ) 실기( ) 기타 ( )						
교 재							
참 고 서 적							

주	날 짜	강 의 범 위 및 내 용	비 고
1			
2			
3			
4			
5			
6			
7			
8			
9			
10			
11			
12			
13			
14			
15			
비 고		e-mail : hee8460@hanmail.net	

연습문제

IT COOKBOOK

3 새 문서를 열어 아래 조건에 맞게 '물품 청구 전표'를 완성하고 '연습5-3(완성).hwp'로 저장하시오.

| 조건 | ▶ 준비파일 : 없음

① 표를 13×4 크기로 만들고, '셀 합치기', '셀 나누기', '셀 배경색 넣기', '셀 크기 조절' 등을 활용하여 편집하시오.
② '청구 내역' 항목에 내용을 입력하고 '계산식'의 '블록 곱'을 이용하여 '금액'을 넣으시오.

<table>
<tr><td colspan="3" rowspan="1">물 품 청 구 전 표</td><td colspan="2"><table><tr><td colspan="4">결 재 란</td></tr><tr><td>사 장</td><td>부 장</td><td>과 장</td><td>담 당</td></tr><tr><td></td><td></td><td></td><td></td></tr></table></td></tr>
<tr><td>신청서 제출일</td><td colspan="2">년 월 일</td><td>부 서</td><td></td></tr>
<tr><td colspan="5">청 구 내 역</td></tr>
<tr><td>제 품 명</td><td>제품코드</td><td>수 량</td><td>단 가</td><td>금 액</td></tr>
<tr><td>마우스</td><td>M100</td><td>10</td><td>15000</td><td>150,000</td></tr>
<tr><td>키보드</td><td>K100</td><td>5</td><td>20000</td><td>100,000</td></tr>
<tr><td>스피커</td><td>S100</td><td>5</td><td>30000</td><td>150,000</td></tr>
<tr><td>USB</td><td>U100</td><td>10</td><td>20000</td><td>200,000</td></tr>
<tr><td colspan="5">재 고 품</td></tr>
<tr><td>수 량</td><td colspan="2">단 가</td><td colspan="2">금 액</td></tr>
<tr><td></td><td colspan="2"></td><td colspan="2"></td></tr>
<tr><td></td><td colspan="2"></td><td colspan="2"></td></tr>
<tr><td></td><td colspan="2"></td><td colspan="2"></td></tr>
<tr><td colspan="5">비 고</td></tr>
</table>

4 새 문서를 열어 아래 조건에 맞게 '우리들 이야기'를 완성하고 '연습5-4(완성).hwp'로 저장하시오.

| 조건 | ▶ 준비파일 : 없음

① 표를 3×3 크기로 만들고 표 안에 시를 입력한다.

② '셀 테두리', '셀 배경색'을 넣어 표를 꾸민다.

한빛대학교	우리들 이야기 - 사자성어편 -	호 : 창간호 발행인 : 황재연 발행일 : 2015.03

관포지교(管鮑之交)

- 뜻 : 관중과 포숙아의 사귐이라는 뜻으로 아주 친밀하여 떼놓을 수 없는 친구사이를 일컫는 말

- 유래 : 관중과 포숙아는 춘추전국시대 때의 사람으로 두 사람은 왕의 각 형제의 신하를 맡고 있었다. 그런데 왕이 두 형제를 내쫓자 두 형제는 우선 도망한 후 나중에 왕이 죽자 서둘러 고향으로 돌아간다. 그런데 포숙아가 섬기던 왕자가 먼저 도착할 것을 예견한 관중은 길을 지키고 있다가 왕자가 나타나자 활로 쏘았다 그런데 그 활이 허리에 차고 있던 허리띠에 맞아 겨우 살은 왕자는 재빨리 나라로 들어와 왕이 되었고 그 다른 왕자는 도망, 관중은 잡혔으나 친구 포숙아의 만류로 사형은 면하였다. 결국 관중은 그 왕자를 포숙아와 함께 섬기었다.

일석이조(一石二鳥)

- 뜻 : 하나의 돌로 두 마리의 새를 잡는다는 뜻

- 유래 : 옛날 중국의 조나라는 위나라의 공격을 받자 이웃 제나라에게 도움을 요청했다. 이에 제나라는 조나라를 도와주러 조나라로 간 것이 아니라 군사가 비어있는 위나라로 향했다. 결국 조나라에 있던 위의 군사들은 모두 후퇴했고 서둘러 나라로 오다가 결국 제나라의 군대에 의해 크게 패했다. 이것이 한 번의 공격으로 조나라도 돕고 위나라도 물리친 제나라의 일석이조이다.

입신양명(立身揚名)

- 뜻 : 세상에 나와서 이름을 날린다는 뜻

- 유래 : 옛날 중국 시대 때 자신의 재능을 알아주는 사람이 없어 떠돌아다니던 소진이 집에 왔을 때 집안사람 전부가 그를 멸시하였다 심지어 그의 아내도 결국 그는 노력하여 진나라에 대항하는 6나라의 동맹 총리가 되어 세상에 이름을 날렸다.

06 차트 다루기

표에 입력된 내용을 차트로 만들어 표현하면 내용을 시각적으로 쉽게 이해할 수 있으며, 자료의 전달력도 높일 수 있다. 이 장에서는 차트의 개념과 구성 요소를 알아보고 차트 도구를 이용하여 차트를 편집하는 방법에 대하여 학습한다.

6.1 차트 만들기

차트는 표 데이터를 그림이나 그래프 형식으로 표현하여 자료의 변화나 차이를 한눈에 알아볼 수 있도록 만든 도표다. 데이터를 직접 입력하여 차트를 만드는 방법과 표의 일부 또는 표 전체를 블록 설정하여 차트를 만드는 방법을 알아보자.

NOTE 차트 구성 요소

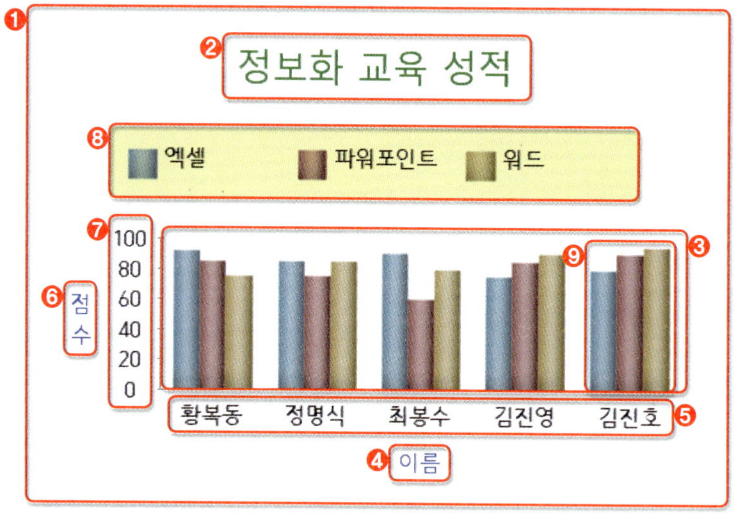

❶ 차트 영역 : 차트의 전체 영역이며, 차트 영역의 서식을 변경하면 모든 구성 요소의 서식이 변경된다.
❷ 차트 제목 : 차트의 제목이 표시된다.
❸ 그림 영역 : 차트 그래프가 표시되는 영역이다.
❹ X축 제목 : X축의 제목이 표시된다.
❺ X축 : X축의 데이터 항목을 표시하는 축이다.
❻ Y축 제목 : Y축의 제목이 표시된다.
❼ Y축 : Y축의 데이터 항목을 표시하는 축이다.
❽ 범례 : 데이터 계열의 내용을 표시한다.
❾ 데이터 계열 : 실제 값을 표시하는 차트 그래프다.

▶ 준비파일 : 없음

실습 6-1 데이터를 직접 입력하여 차트 만들기

01 차트를 삽입할 곳에 커서를 위치시키고 [입력] 도구 상자 – [차트]를 클릭한다.

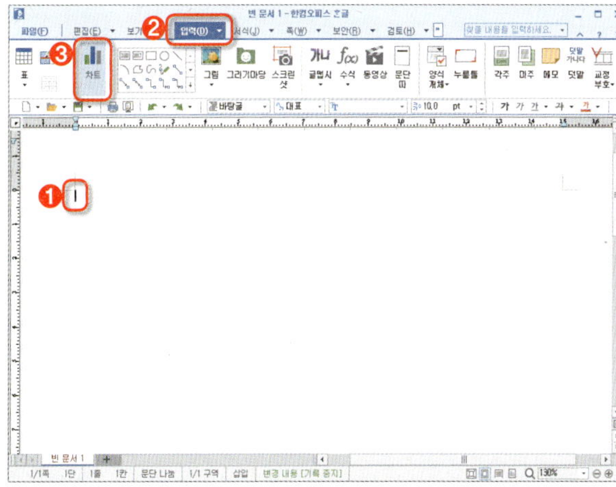

02 다음과 같이 문서에 '세로 막대형' 기본 차트가 삽입된다.

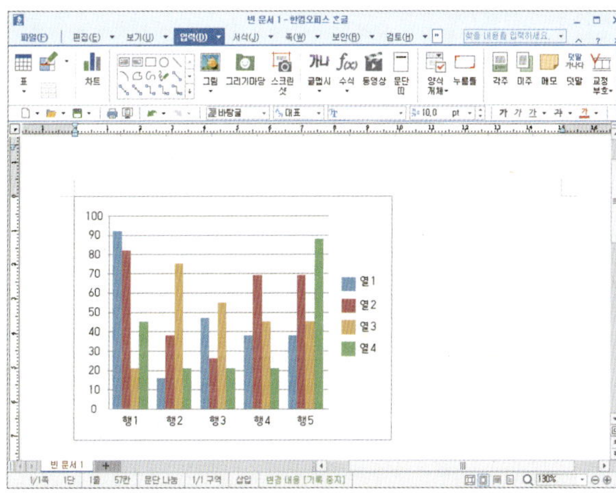

03 차트를 선택한 상태에서 [차트] 도구 상자 – [데이터 범위] – [데이터 편집]을 클릭한다.

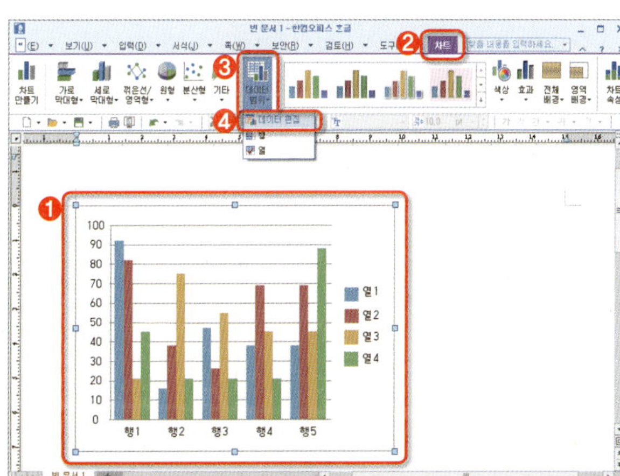

04 [차트 데이터 편집] 대화상자가 열리면 방향키를 이용하여 셀을 이동하면서 다음과 같이 자료를 입력한다. 필요 없는 열을 선택한 후 [선택한 열 지우기]를 클릭하여 삭제한다. 모두 입력하면 [확인]을 클릭한다.

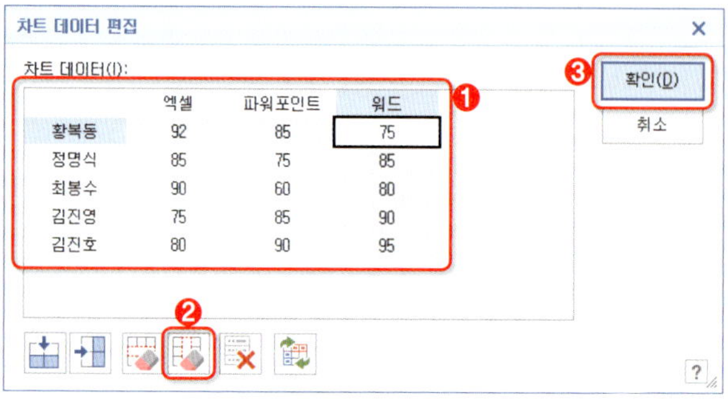

05 다음과 같이 변경된 데이터가 차트에 반영된다.

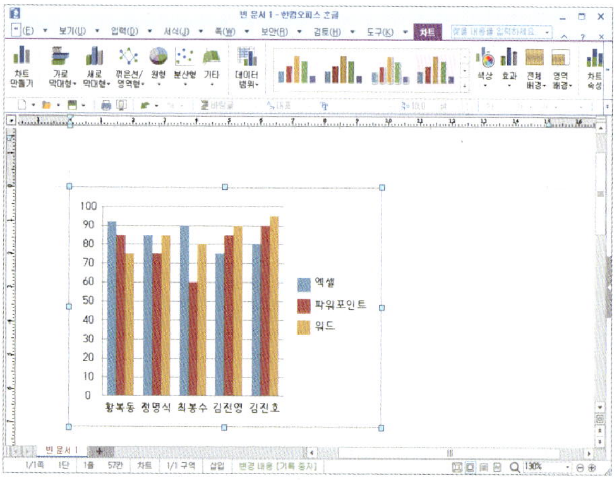

NOTE [차트 데이터 편집] 대화상자

[차트 데이터 편집] 대화상자의 데이터 편집 영역에서 각 셀에 데이터를 입력하거나 수정할 수 있다.

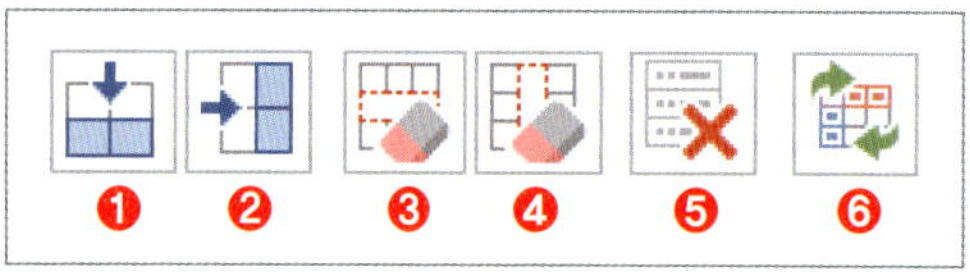

❶ **행 추가하기** : 데이터 편집 창의 아래에 행이 추가된다.

❷ **열 추가하기** : 데이터 편집 창의 오른쪽에 열이 추가된다.

❸ **선택한 행 지우기** : 선택한 행을 삭제한다.

❹ **선택한 열 지우기** : 선택한 열을 삭제한다.

❺ **모든 데이터 지우기** : 행과 열에 있는 모든 데이터를 삭제한다.

❻ **행/열 바꾸기** : 행과 열의 데이터를 바꾼다.

실습 6-2 표 데이터를 이용하여 차트 만들기

01 '실습6-2.hwp'을 불러온 후 차트 작성에 필요한 데이터 범위를 다음과 같이 블록 설정하고 [표] 도구 상자 – [차트]를 클릭한다.

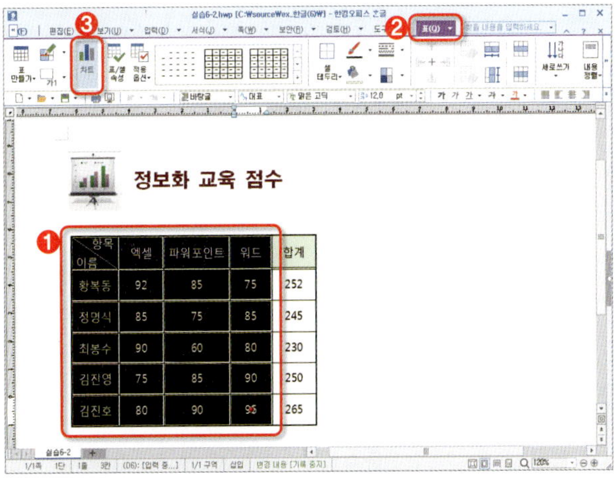

02 다음과 같이 표의 내용이 반영된 '세로 막대형' 차트가 문서에 삽입된다.

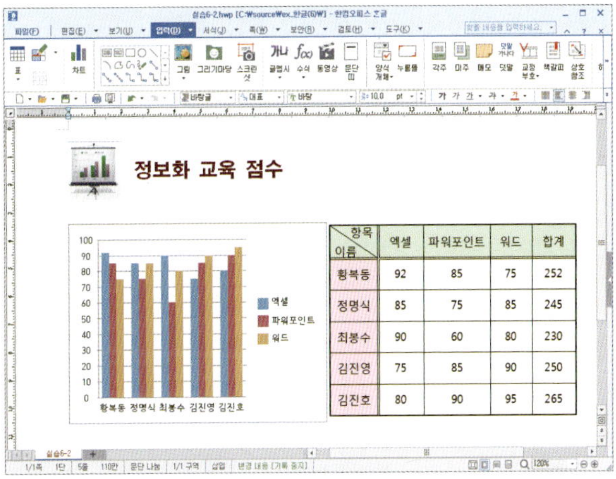

6.2 차트 편집

차트 마법사를 이용하면 차트를 편집하고 각각의 차트 구성 요소에 서식을 설정할 수 있다. 또한 차트에 스타일을 적용하면 여러 구성 요소의 색과 배경 등을 한번에 설정할 수 있어 매우 편리하다. 실습 예제를 통하여 차트를 편집하는 방법과 차트에 스타일을 적용하는 방법에 대하여 알아보자.

▶ 준비파일 : 실습6-3.hwp

실습 6-3 차트 마법사 이용하기

01 '실습6-3.hwp' 파일을 불러온 후 차트를 선택하고 마우스 오른쪽 버튼을 클릭하여 팝업메뉴에서 [차트 마법사]를 선택한다.

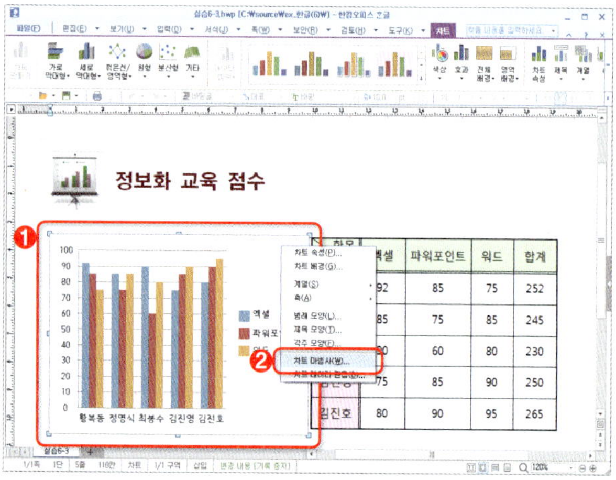

TIP [차트 마법사]는 차트의 모양과 구성을 단계별로 지정하여 차트를 만드는 기능이다. [차트 마법사]를 이용하면 차트를 쉽고 빠르게 만들 수 있다.

02 [차트 마법사 – 3단계 중 1단계] 대화상자가 열리면 [표준 종류] 탭에서 [차트 종류 선택]은 [가로 막대형], [차트 모양 선택]은 [묶은 가로 막대형]을 선택하고 [다음]을 클릭한다.

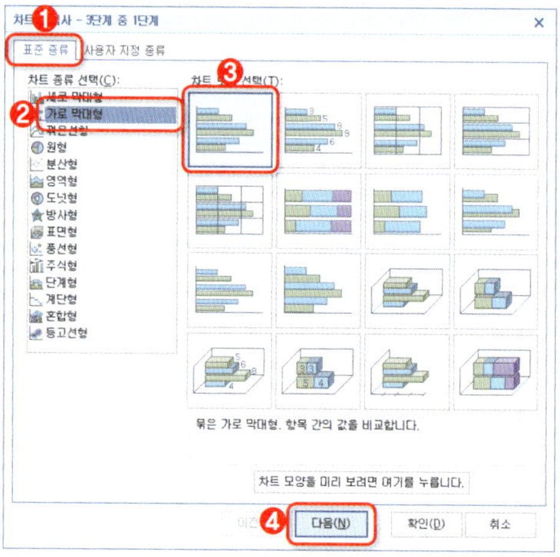

03 [차트 마법사 – 3단계 중 2단계] 대화상자가 열리면 [방향]에서 [열]을 체크하고 [다음]을 클릭한다.

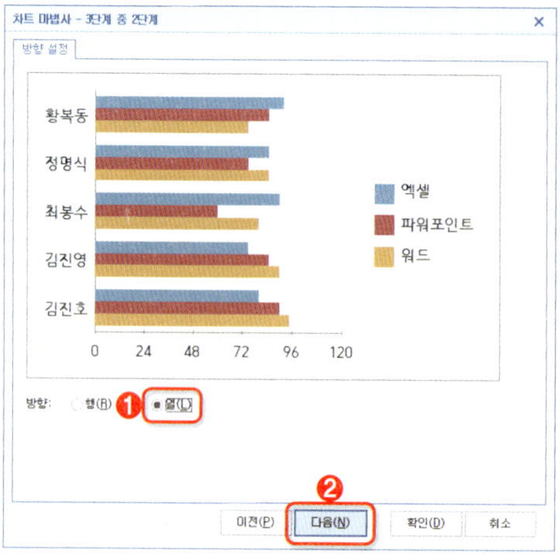

04 [차트 마법사 – 마지막 단계] 대화상자가 열리면 [제목] 탭에서 [차트 제목]에 '정보화 교육 성적', [X(항목) 축]에 '이름', [Y(값) 축]에 '점수'를 각각 입력한다.

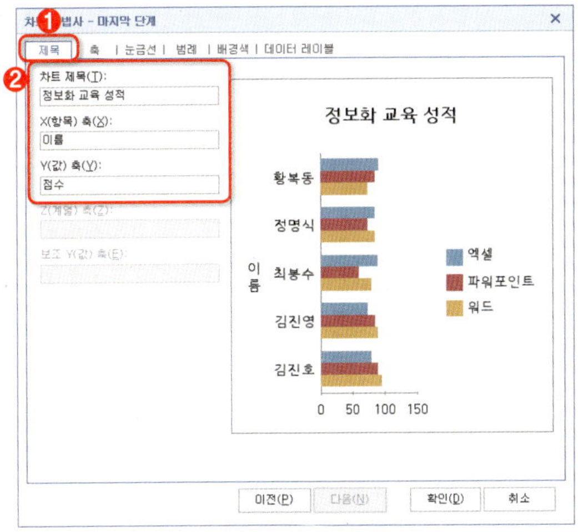

05 [범례] 탭에서 [범례의 배치]는 [위쪽]을 체크하고, [데이터 레이블] 탭에서 [데이터 레이블]은 [값]을 체크한 후 [확인]을 클릭한다.

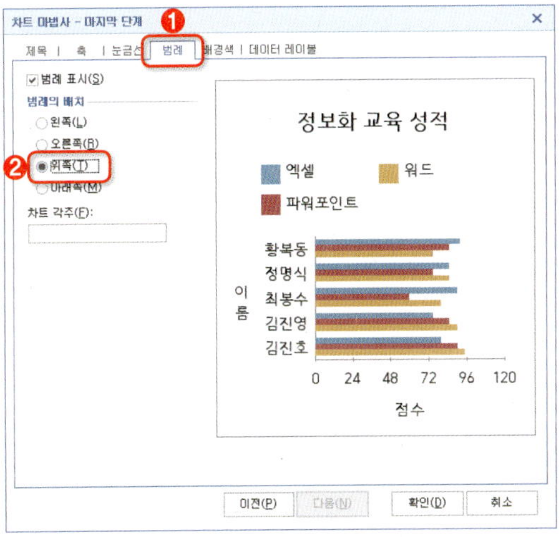

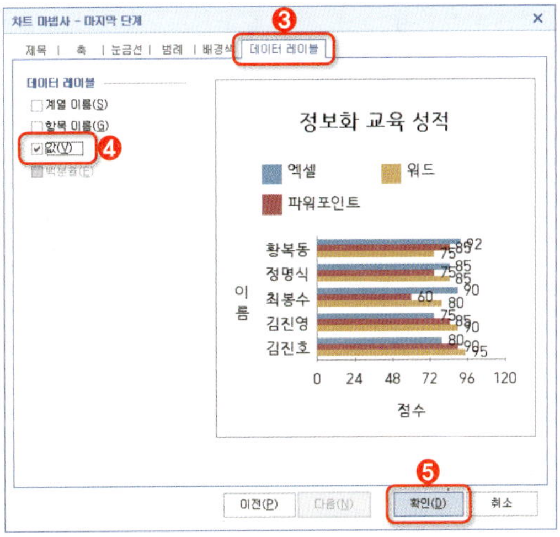

06 다음과 같이 차트가 완성된다.

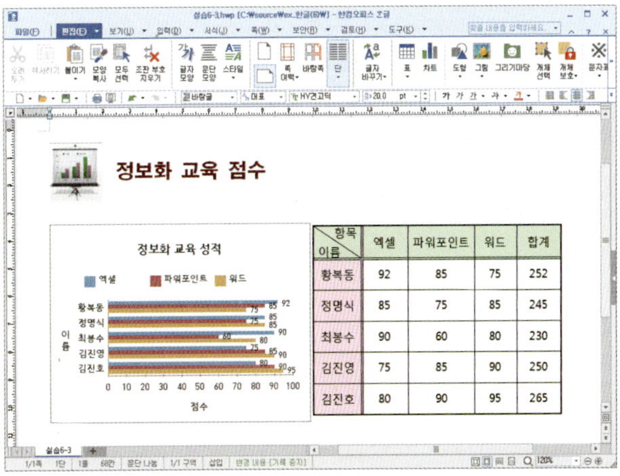

▶ 준비파일 : 실습6-4.hwp

실습 6-4 차트 구성 요소 꾸미기

| 단계 1 | 차트 종류 변경하기

01 '실습6-4.hwp' 파일을 불러온 후 차트를 선택하고 [차트] 도구 상자 – [세로 막대형] – [기본형 : 묶은 세로 막대형]을 클릭한다.

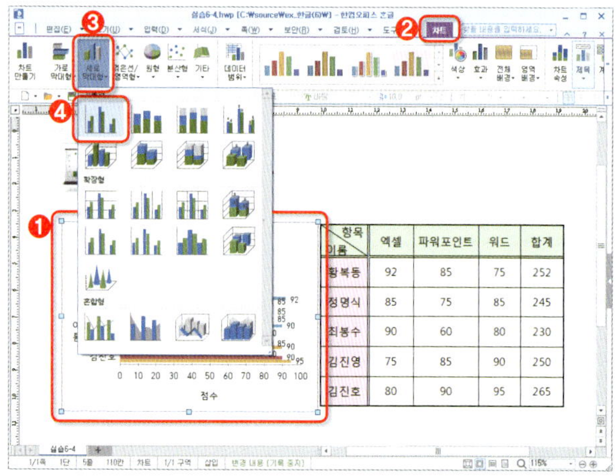

| 단계 2 | 차트 제목 서식 변경하기

01 차트를 선택한 후 [차트] 도구 상자 – [제목]의 목록 단추를 클릭하고 [제목 모양]을 선택한다.

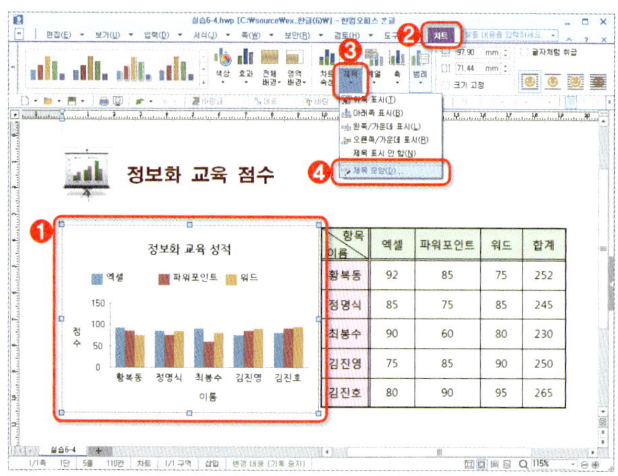

02 [제목 모양] 대화상자가 열리면 [글자] 탭에서 [글꼴]은 '맑은 고딕', [크기]는 '15', [글자 색]은 '초록'을 선택한 후 [설정]을 클릭한다.

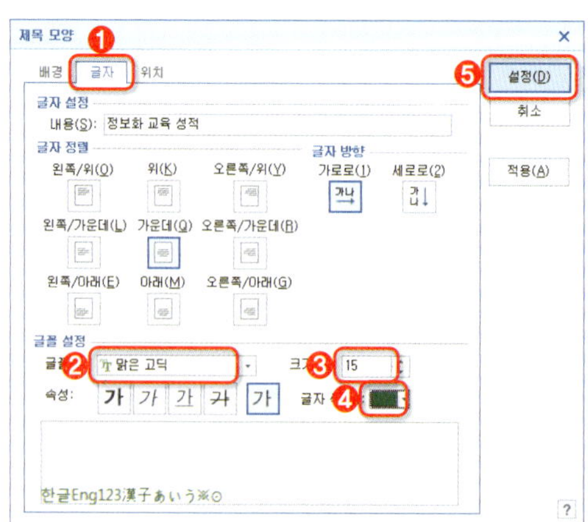

| 단계 3 | 축 서식과 범례 변경하기

01 Y축 제목을 더블클릭하여 [축 제목 모양] 대화상자가 열리면 [글자] 탭에서 [글자 색]은 '파랑'을 선택하고 [설정]을 클릭한다. X축 제목도 동일하게 변경한다.

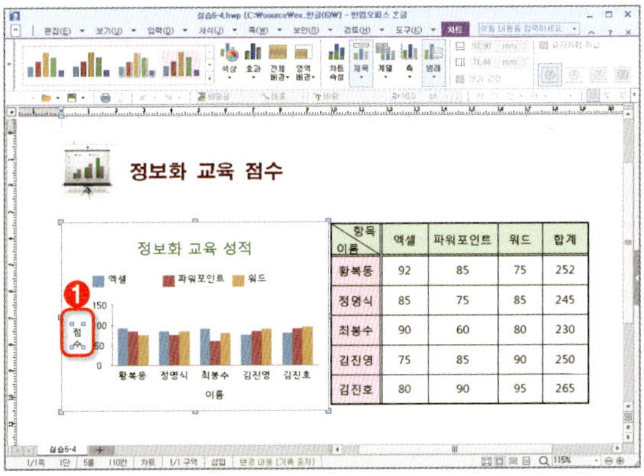

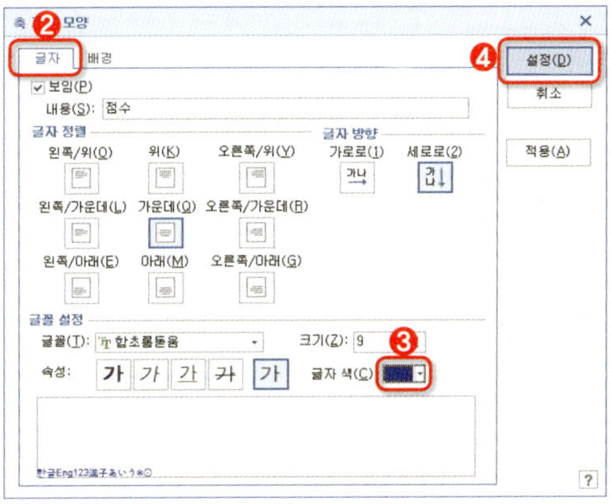

02 범례를 더블클릭하여 [범례 모양] 대화상자가 열리면 [배경] 탭에서 [색]에 체크하고 [면 색]은 '노랑 60% 밝게'를 선택한 후 [설정]을 클릭한다.

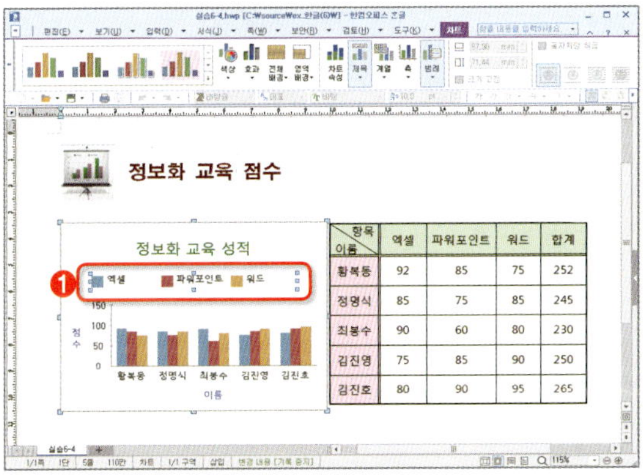

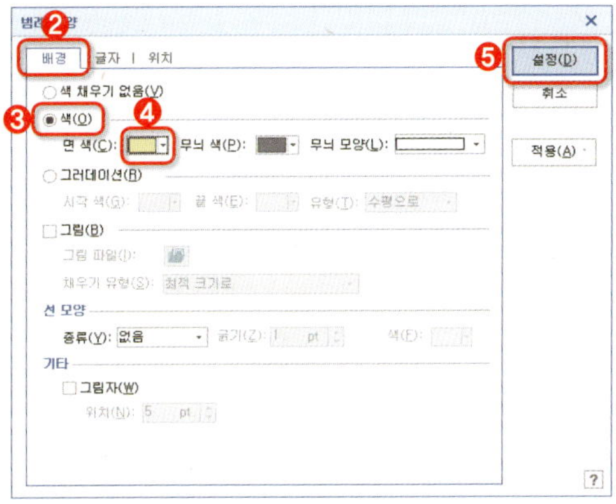

03 Y축을 더블클릭하여 [축 모양] 대화상자가 열리면 [비례] 탭에서 [자동으로 꾸밈] 항목의 체크를 해제한 후 [최댓값]은 '100', [큰 눈금선]은 '5'로 입력하고 [설정]을 클릭한다. Y축의 눈금이 5개로 변경된다.

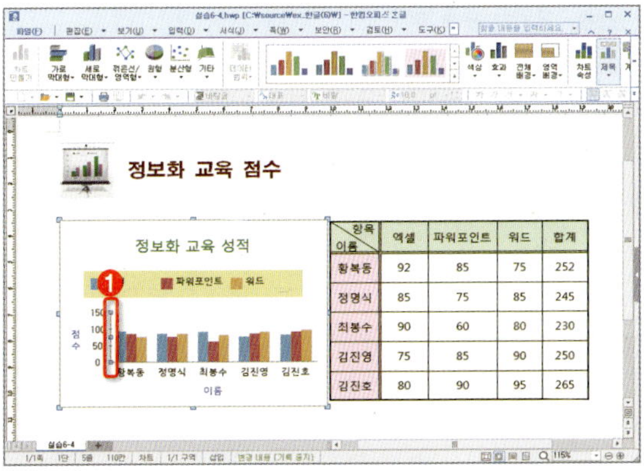

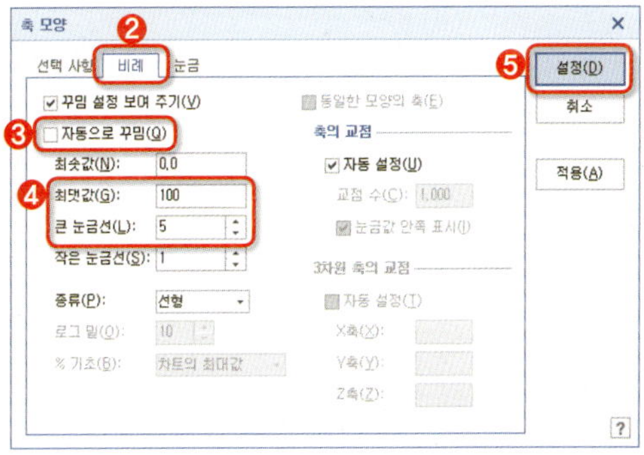

| 단계 4 | 차트 스타일 변경하기

01 차트가 선택된 상태에서 [차트] 도구 상자 – [스타일] 그룹 – [자세히 ↓]를 클릭한다.

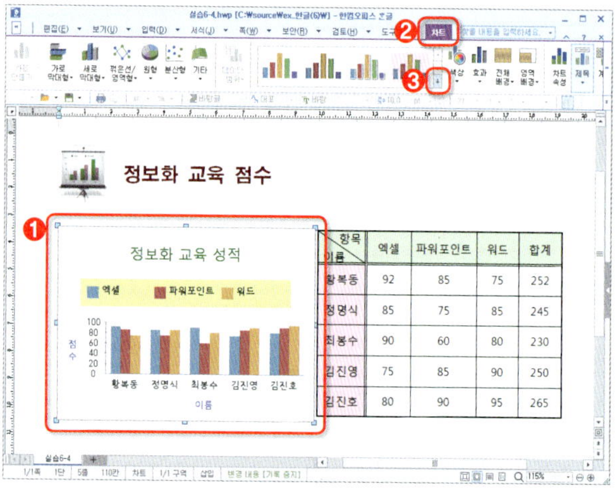

02 [차트 스타일] 목록이 열리면 [파스텔색, 수수깡 모양]을 클릭한다.

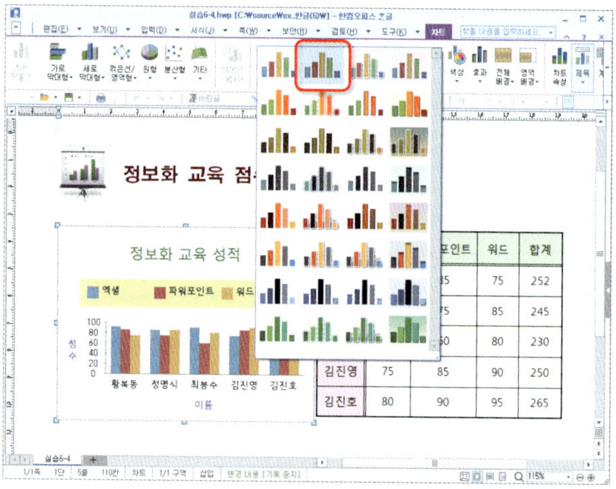

03 [차트] 도구 상자 – [전체 배경]을 클릭하고 [배경 – 연분홍색]을 선택한다.

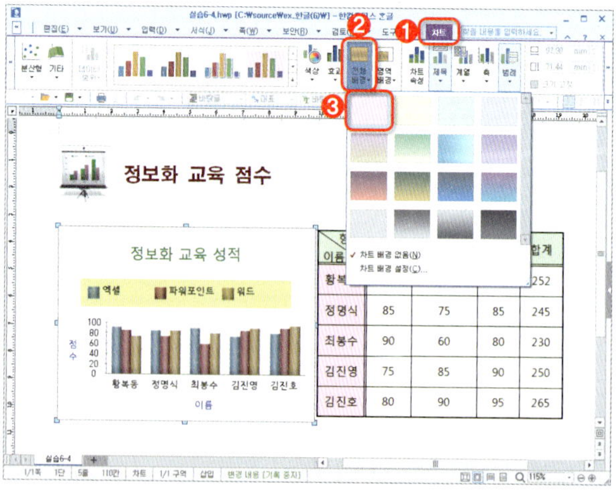

| 단계 5 | 계열 서식 변경하기

01 차트를 선택한 후 마우스 오른쪽 버튼을 클릭하고 팝업메뉴에서 [계열] – [계열]을 선택한다. [자료 계열 선택] 대화상자가 열리면 [종류]에서 '워드'를 선택하고 [선택]을 클릭한다.

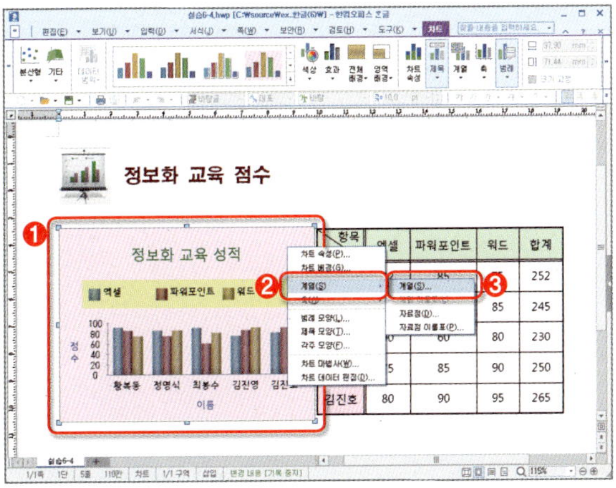

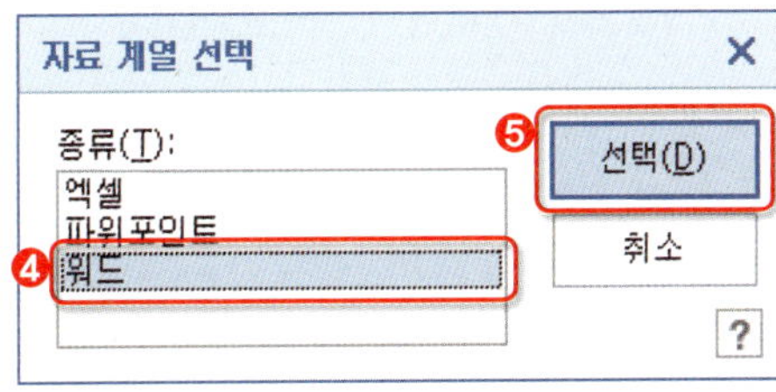

02 [계열 모양] 대화상자가 열리면 [면] 탭에서 [그림]을 체크하고 [그림 파일 불러오기]를 클릭한다. [불러오기] 대화상자에서 '책.bmp' 파일을 선택하고 [열기]를 클릭한 후 [계열 모양] 대화상자에서 [설정]을 누른다.

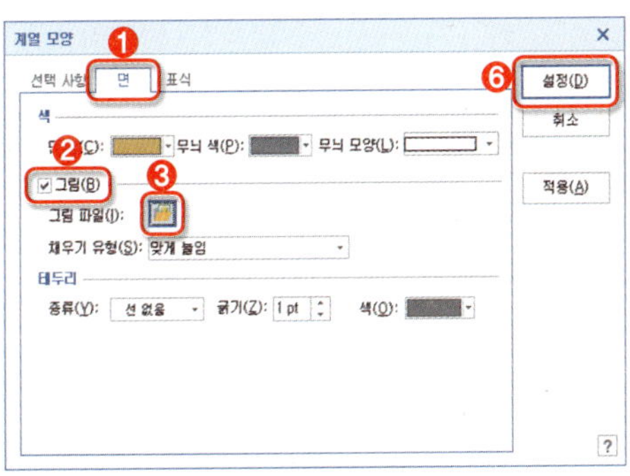

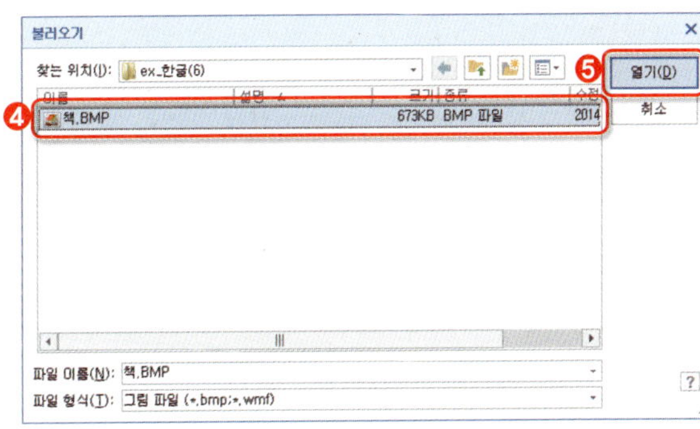

03 다음과 같이 '워드' 계열이 그림 파일 '책.bmp'로 채워진다.

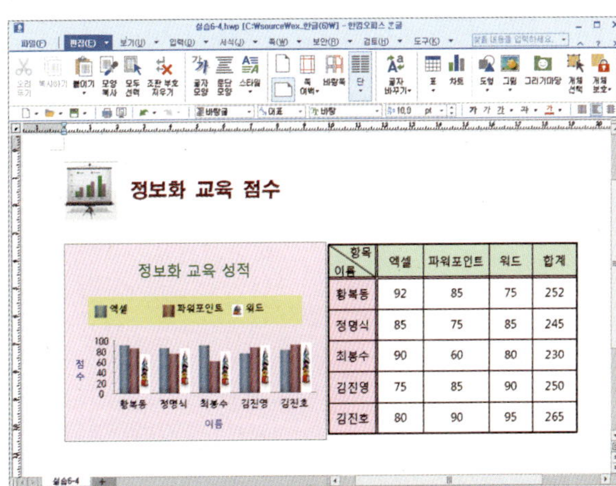

항목 이름	엑셀	파워포인트	워드	합계
황복동	92	85	75	252
정영식	85	75	85	245
최봉수	90	60	80	230
김진영	75	85	90	250
김진호	80	90	95	265

요약

IT COOKBOOK

1 차트 구성 요소

- **차트 영역** : 차트의 전체 영역이다.
- **차트 제목** : 차트의 제목이 표시된다.
- **그림 영역** : 차트 그래프가 표시되는 영역이다.
- **X축 제목** : X축의 제목이 표시된다.
- **X축** : X축의 데이터 항목을 표시하는 축이다.
- **Y축 제목** : Y축의 제목이 표시된다.
- **Y축** : Y축의 데이터 항목을 표시하는 축이다.
- **범례** : 데이터 계열의 내용을 표시한다.
- **데이터 계열** : 실제 값을 표시하는 차트 그래프다.

2 차트 만들기

- **[입력] 도구 상자에서 차트 만들기** : 차트를 삽입할 곳에 커서를 위치시키고 [입력] 도구 상자 – [차트]를 클릭한다.
- **[표] 도구 상자에서 차트 만들기** : 차트로 만들 표의 내용을 블록 설정하고 [표] 도구 상자 – [차트]를 클릭한다.

3 차트 편집

- 차트의 구성 요소를 각각 더블클릭하거나 팝업메뉴를 이용하여 차트의 서식을 바꿀 수 있으며 [차트] 도구 상자를 이용해도 된다.
- **차트 스타일 변경하기** : 차트가 선택된 상태에서 [차트] 도구 상자 – [스타일] 그룹 – [자세히]를 클릭하고 [차트 스타일] 목록에서 원하는 차트 스타일을 선택한다.

연습문제

IT COOKBOOK

1 '연습6-1.hwp' 파일을 열어 아래 조건에 맞게 차트를 만들고 편집한 후 '연습6-1(완성).hwp'로 저장하시오.

| 조건 | ▶ 준비파일 : 연습6-1.hwp

① 차트 만들기

- 차트 종류 : 세로 막대형
- 차트 모양 : 묶은 세로 막대형
- 차트 제목 : '가을 문화 축제'
- 범례 위치 : 왼쪽
- Y축 제목 : '공연횟수'

② 차트 편집하기

- 차트의 크기는 임의로 조절하여 표 위에 배치
- 제목과 계열 서식 : 임의의 글꼴, 크기, 색으로 지정
- 차트 스타일 적용 : 갈색조, 기본 모양
- 차트 영역에 그림자 적용

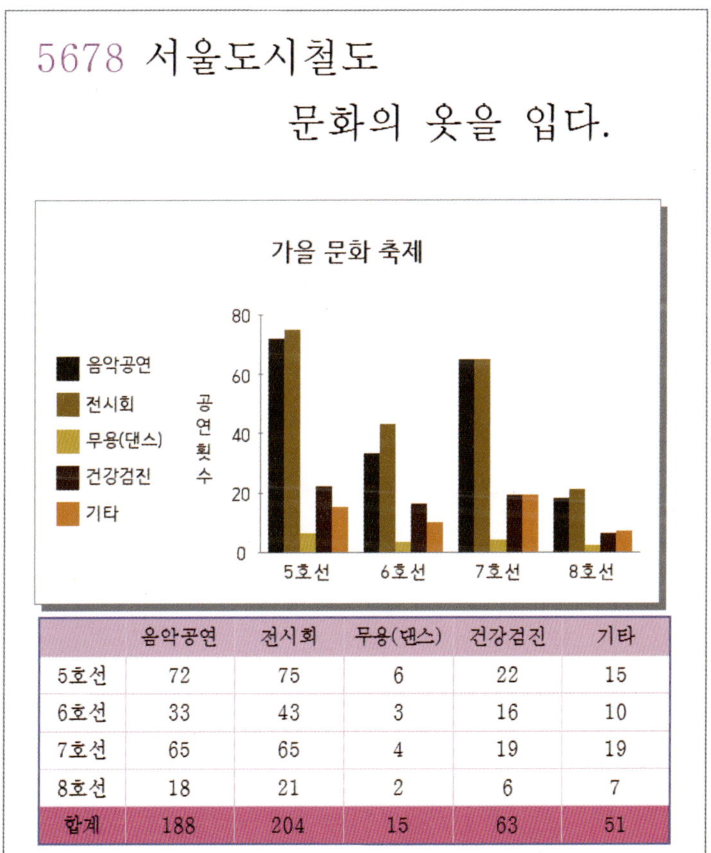
5678 서울도시철도
문화의 옷을 입다.

	음악공연	전시회	무용(댄스)	건강검진	기타
5호선	72	75	6	22	15
6호선	33	43	3	16	10
7호선	65	65	4	19	19
8호선	18	21	2	6	7
합계	188	204	15	63	51

연습문제

IT COOKBOOK

2 '연습6-2.hwp' 파일을 열어 아래 조건에 맞게 차트를 만들고 편집한 후 '연습6-2(완성).hwp'로 저장하시오.

| 조건 | ▶ 준비파일 : 연습6-2.hwp

① 차트 만들기

- 차트 종류 : 꺾은선형
- 차트 모양 : 꺾은선형
- 차트 제목 : '상반기 가계부 지출 내역서'
- 범례 위치 : 위쪽
- X축 제목 : '월별'
- Y축 제목 : '금액'

② 차트 편집하기

- 차트의 크기는 임의로 조절하여 표 아래에 배치
- 제목과 계열 서식 : 임의의 글꼴, 크기, 색으로 지정
- 차트 속성 : 배경색 – 노랑 40% 밝게
- 차트 배경 : 배경색 – 노랑 80% 밝게

상반기 가계부 지출 내역서

월 항목	1월	2월	3월	4월	5월	6월	합계	평균
관리비	30	28	25	22	21	20	146	24.33
식품비	40	38	50	60	45	55	288	48.00
의료비	20	15	10	15	10	8	80	13.33
의복비	20	30	30	10	5	30	125	20.83
교육비	40	40	40	40	40	40	240	40.00
합계	150	151	155	147	121	155	879	146.50
평균	30.00	30.75	32.50	31.25	25.00	33.75	183.25	30.54

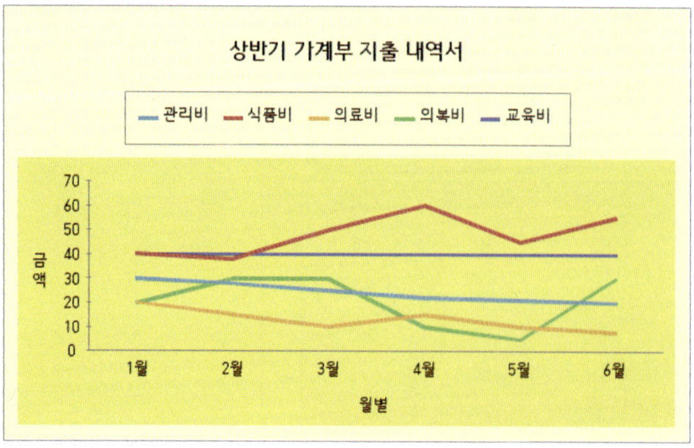

SECTION ---------- IT COOKBOOK

07 한글 2014 고급 기능 I

다단 기능, 머리말/꼬리말 삽입, 각주/미주 삽입, 쪽 번호 매기기 등의 고급 편집 기능을 활용하여 문서를 보다 더 쉽게 완성할 수 있는 방법을 알아본다. 이 기능들은 간단한 문서나 광고 전단지에서는 볼 수 없지만 신문이나 잡지 혹은 논문, 책 등 고급 문서를 작성할 때 꼭 알아두어야 할 기능이다.

7.1 다단

다단이란 신문이나 잡지에서 많이 사용하는 편집 형태로, 한 페이지를 여러 영역으로 나누어서 편집하는 것을 말한다. 다단 기능을 설정하는 방법을 알아보자.

▶ 준비파일 : pic01.jpg~pic03.jpg, 좋은글1.txt~좋은글3.txt

실습 7-1 다단 설정하기

| 단계 1 | 편집 용지와 다단 설정하기

01 새 문서를 열고 [쪽] 메뉴 – [편집 용지]를 선택한다.

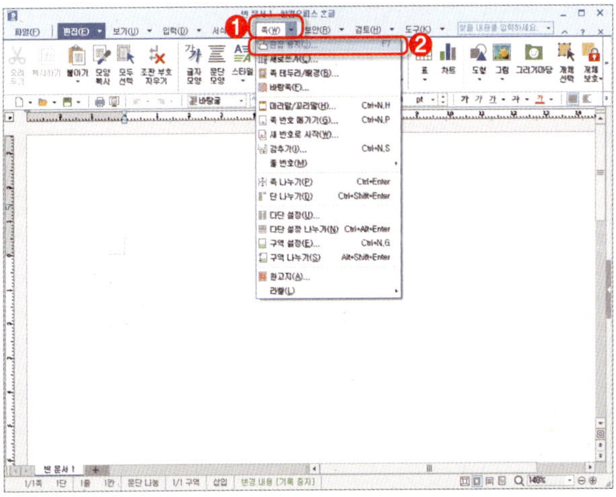

TIP 단축키 F7을 눌러도 된다.

02 [편집 용지] 대화상자가 열리면 [용지 방향]을 [가로]로 선택한 후 [설정]을 클릭한다.

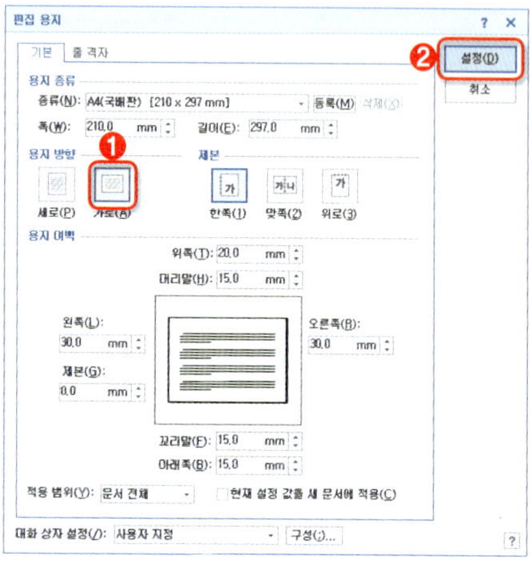

03 [쪽] 메뉴 – [다단 설정]을 클릭하고 [단 설정] 대화상자가 열리면 [자주 쓰이는 모양] 항목에서 [둘]을 선택한 후 [설정]을 클릭한다.

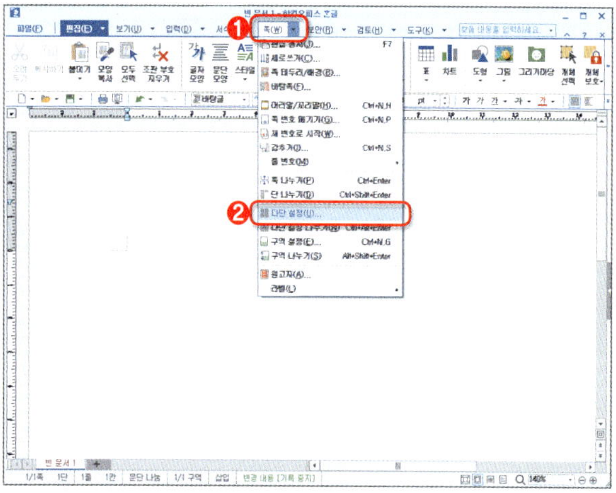

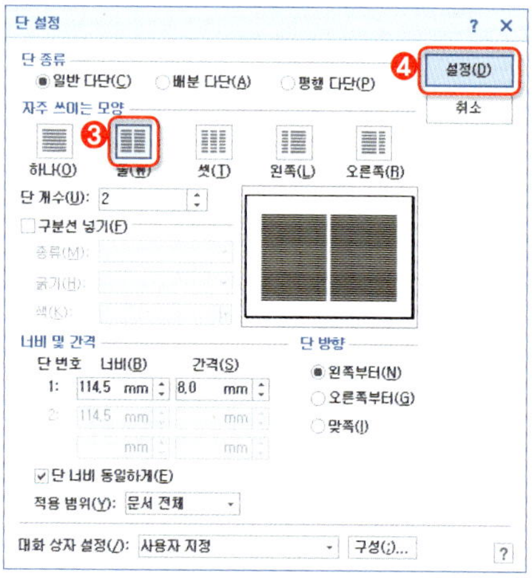

| 단계 2 | 첫 번째 단 편집하기

01 [입력] 메뉴 – [표] – [표 만들기]의 목록 단추를 클릭하고 마우스로 드래그하여 2×2 크기의 표를 만든다.

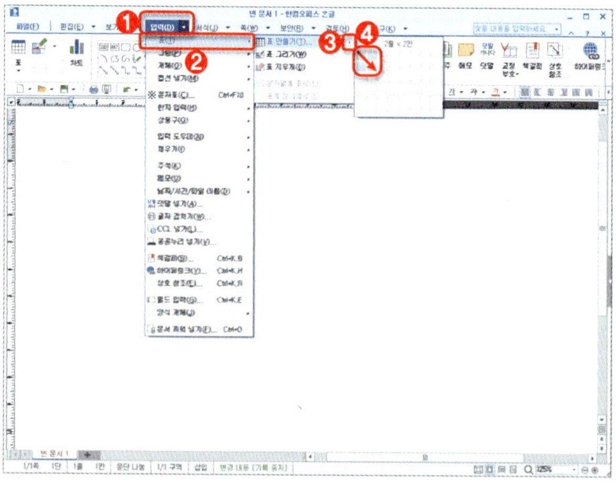

02 표의 첫 행에는 [셀 합치기]를 적용하고, 전체 셀의 테두리 종류와 굵기, 색은 임의로 지정하여 다음과 같이 꾸민다.

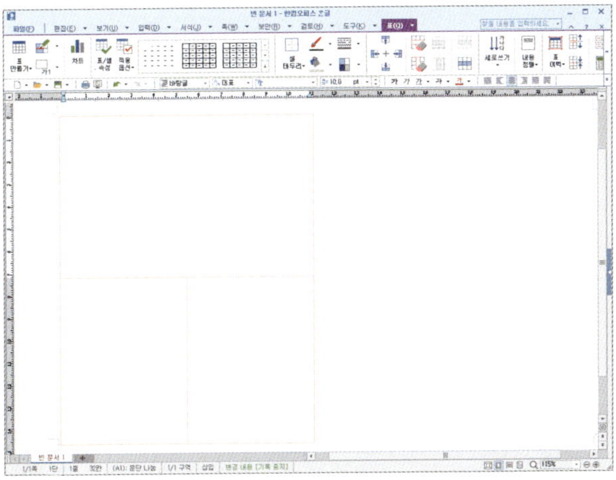

03 첫 번째 셀에 커서를 위치시키고 [입력] 도구 상자 – [그림]을 클릭한다. [그림 넣기] 대화상자에서 'pic01.jpg' 파일을 선택한 후 [글자처럼 취급] 항목에 체크하고 [넣기]를 클릭하여 그림을 표 안에 넣는다.

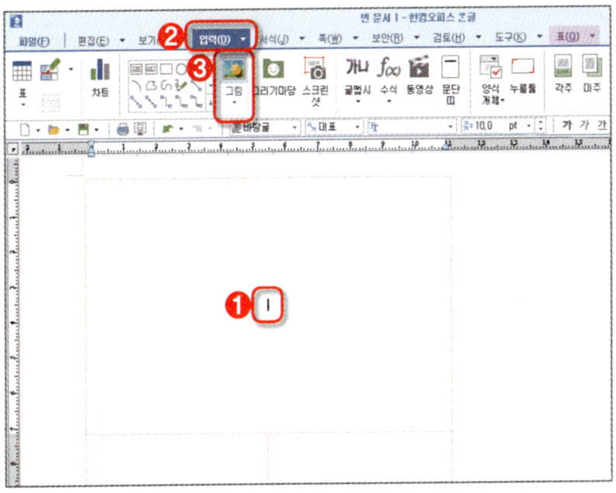

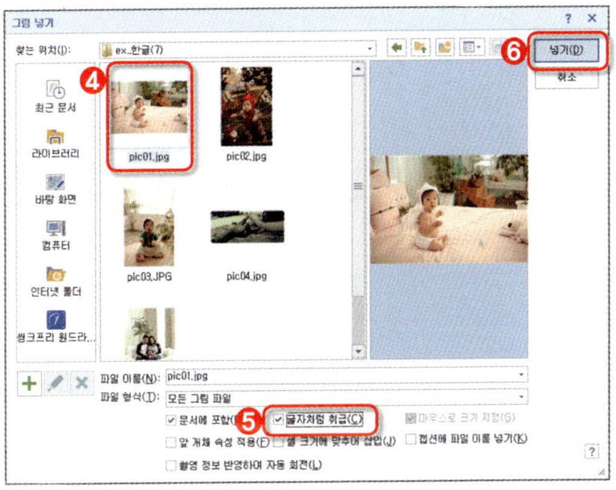

04 같은 방법으로 'pic02.jpg', 'pic03.jpg' 파일도 다음과 같이 삽입하여 크기를 적절하게 조절한다.

| 단계 3 | 두 번째 단 편집하기

01 커서를 표 바깥에 놓고 [쪽] 메뉴 – [단 나누기]를 클릭하여 오른쪽 단으로 커서를 이동시킨다.

TIP 다단 설정한 문서에서 각 단의 내용이 다 차지 않더라도 다음 단으로 이동하여 입력을 시작하려고 할 때 [단 나누기]를 사용한다.

02 [입력] 도구 상자 – [가로 글상자]를 이용하여 다음과 같이 문서를 작성한다. 글꼴, 글자 색, 선 색, 채우기 색 등은 임의로 설정한다.

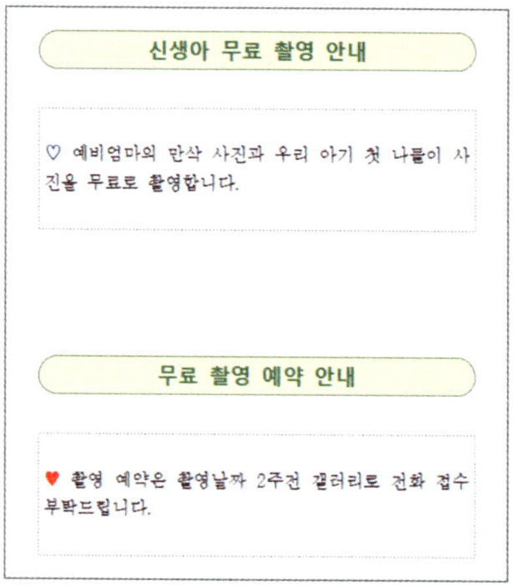

| 단계 4 | 다음 쪽 편집하기

01 다음 쪽으로 이동하기 위해 두 번째 단 끝에 커서를 위치시킨 후 [쪽] 메뉴 – [쪽 나누기]를 클릭한다.

TIP [쪽 나누기]는 한 페이지에 글의 내용이 다 차지 않았을 때 다음 페이지로 강제로 넘어갈 수 있는 기능이며, 단축키는 Ctrl + Enter다.

02 [쪽] 메뉴 – [다단 설정]을 클릭하고 [단 설정] 대화상자가 열리면 [자주 쓰이는 모양] 항목에서 [셋]을 선택한다. [구분선 넣기]를 체크하고 [종류], [굵기], [색]은 다음과 같이 설정한다. [적용 범위]는 [새 다단으로]를 선택한 후 [설정]을 클릭한다.

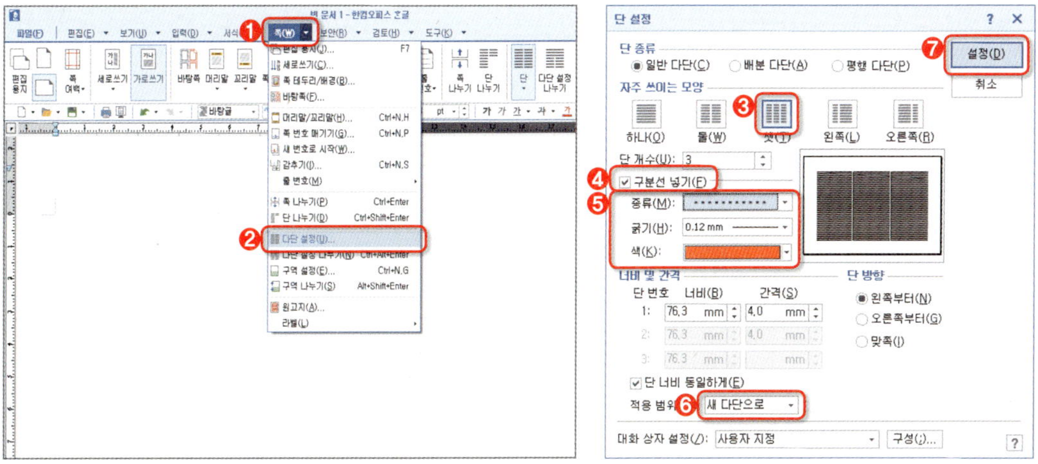

03 새로운 단이 적용된다. 다음과 같이 각 단마다 텍스트 파일 '좋은글1.txt', '좋은글2.txt', '좋은글3.txt'를 각각 넣고 그림 파일 'pic04.jpg'를 삽입하여 문서를 완성한다.

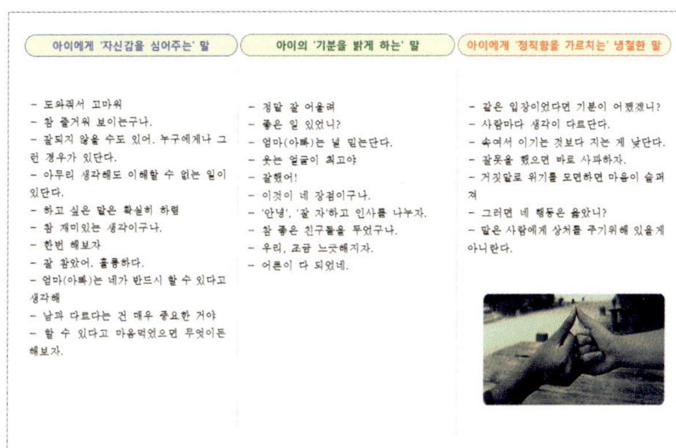

> **NOTE 다단 편집 기능**
>
> - 다단의 단수는 제한이 없으며, 원하는 만큼 단을 만들어 문서를 편집할 수 있다.
> - 단과 단 사이는 Ctrl + Alt + 방향키(→, ←)를 이용하여 이동할 수 있다.
> - 같은 쪽 안에서도 여러 개의 다단 편집을 적용할 수 있다.

7.2 머리말과 꼬리말

머리말과 꼬리말은 각 페이지의 상단이나 하단 부분에 고정적으로 어떤 내용을 삽입하고자 할 때 사용하는 기능이며, 보통 책의 제목이나 쪽 번호 등을 넣는다. 머리말과 꼬리말을 삽입하는 방법에 대하여 알아보자.

▶ 준비파일 : 실습7-2.hwp

실습 7-2 머리말/꼬리말 삽입하기

| 단계 1 | 머리말 삽입하기

01 '실습7-2.hwp' 파일을 불러온 후 [쪽] 메뉴 – [머리말/꼬리말]을 선택한다.

TIP 단축키 Ctrl + N, H를 눌러도 된다.

02 [머리말/꼬리말] 대화상자가 열리면 [종류]는 [머리말], [위치]는 [양쪽]을 체크하고 [만들기]를 클릭한다.

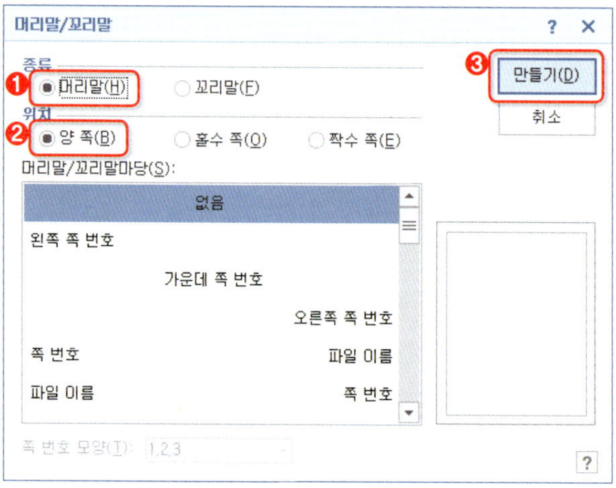

03 머리말 영역에 커서를 위치시킨 후 [입력] 도구 상자 – [개체] 영역에서 [직사각형 □]을 클릭하여 다음과 같이 직사각형을 그리고 선 색과 채우기 색을 임의로 설정한다.

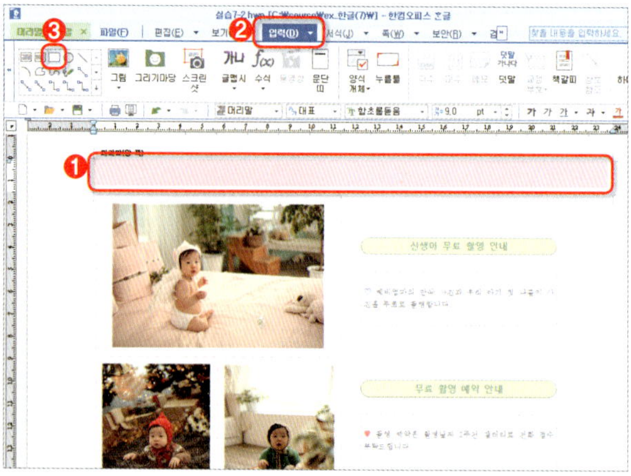

04 [입력] 도구 상자 – [글맵시]의 목록 단추를 클릭하고 [채우기 – 자주색 그러데이션, 회색 그림자, 직사각형 모양]을 선택하여 'Baby Gallery'를 입력한 후, 또 다른 'Baby Gallery' 글맵시를 임의의 스타일로 만든다.

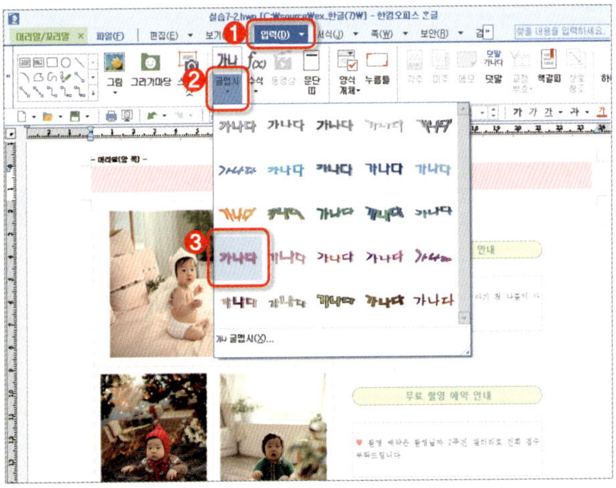

05 다음과 같이 글맵시를 배치한 후 [머리말/꼬리말] 도구 상자에서 [머리말/꼬리말 닫기]를 클릭하여 본문 편집 상태로 돌아온다.

| 단계 2 | 꼬리말 삽입하기

01 [쪽] 도구 상자 – [꼬리말] – [머리말/꼬리말]을 선택한다.

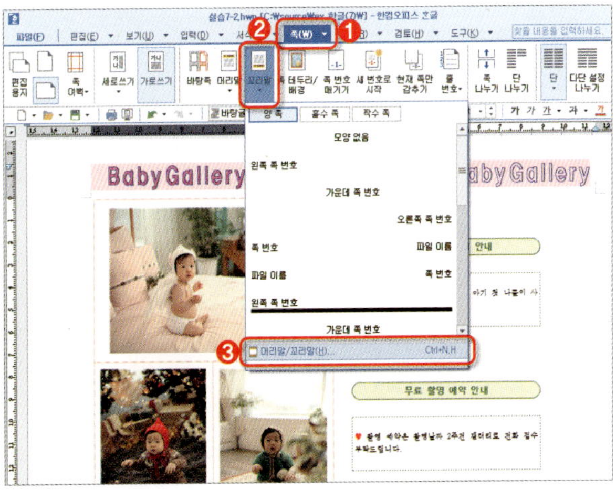

02 [머리말/꼬리말] 대화상자가 열리면 [종류]는 [꼬리말], [위치]는 [양 쪽]을 체크하고 [만들기]를 클릭한다.

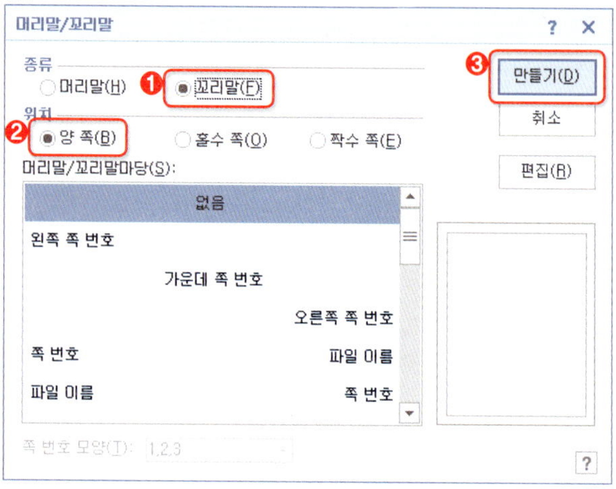

03 꼬리말 영역에 커서를 위치시킨 후 [입력] 도구 상자 – [개체] 영역에서 [가로 글상자]를 클릭하고 다음과 같이 배치한 후 선 색과 채우기 색을 임의로 지정한다.

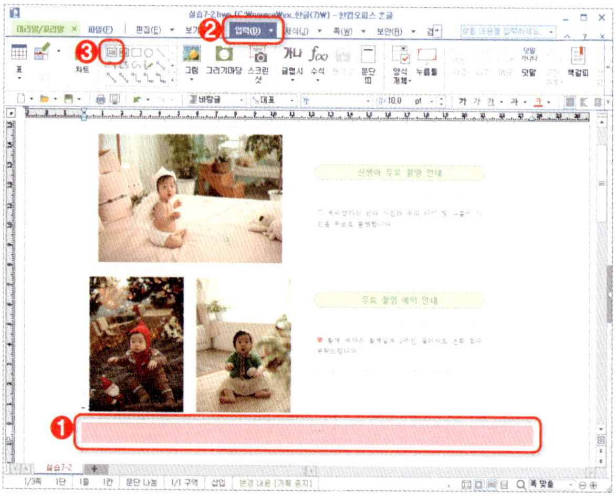

TIP [가로 글상자]는 [개체 속성] 대화상자를 열어 [글자처럼 취급]에 체크한 후 배치한다.

04 꼬리말 영역에 'http://www.babygallery.com', 'http://cafe.naver.com/babygallery'를 입력한 후 [머리말/꼬리말] 도구 상자의 [머리말/꼬리말 닫기] 클릭하여 본문 편집 상태로 돌아온다.

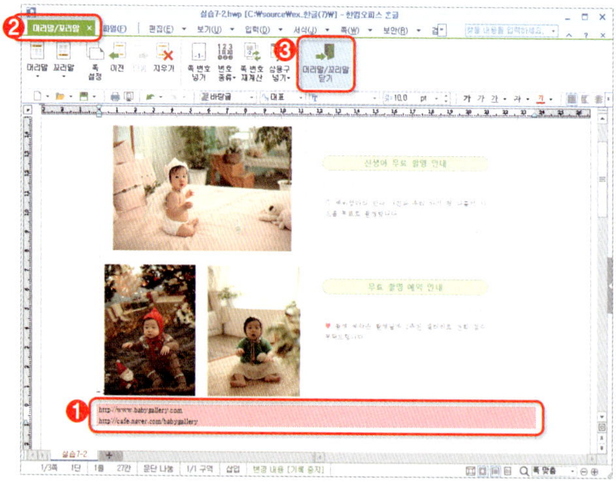

NOTE 머리말/꼬리말 설정 및 수정하기

▶ **머리말/꼬리말 공간 설정하기**

- [쪽] 메뉴 – [편집 용지] 또는 단축키 F7을 눌러 [편집 용지] 대화상자를 열고 [용지 여백] 항목에서 설정한다.
- 머리말/꼬리말 여백을 '0'에 가까운 값으로 설정한 경우에는 입력할 공간이 없어서 글자를 입력해도 보이지 않는다.

▶ **머리말/꼬리말 수정하기**

- 머리말/꼬리말이 삽입된 부분을 더블클릭하여 수정한다.
- [쪽] 메뉴 – [머리말/꼬리말]을 선택하여 [머리말/꼬리말] 대화상자가 열리면 [편집]을 클릭하여 수정한다.

7.3 주석

주석은 본문 내용 중에서 특정 부분의 보충 설명을 그 페이지의 아래나 그 문서의 맨 마지막에 따로 적는 기능이다. 주로 논문이나 보고서 등 문서에서 인용한 자료의 출처를 밝히거나 보충 자료를 구체적으로 제시할 때 사용하며 내용이 표시되는 위치에 따라 각주와 미주로 구분한다.

NOTE 각주와 미주

- **각주** : 해당 페이지의 아래쪽에 주석 내용이 삽입된다.
- **미주** : 문서의 맨 마지막 페이지에 주석 내용이 삽입된다.
- 한 문서 안에서 각주와 미주는 별개로 다루어지며 번호도 별도로 매겨진다.

▶ 준비파일 : 실습7-3.hwp

실습 7-3 각주/미주 삽입하기

| 단계 1 | 각주 삽입하기

01 '실습7-3.hwp' 파일을 불러온 후 각주를 달고자 하는 텍스트 '신생아' 뒤에 커서를 위치시키고 [입력] 메뉴 – [주석] – [각주]를 선택한다.

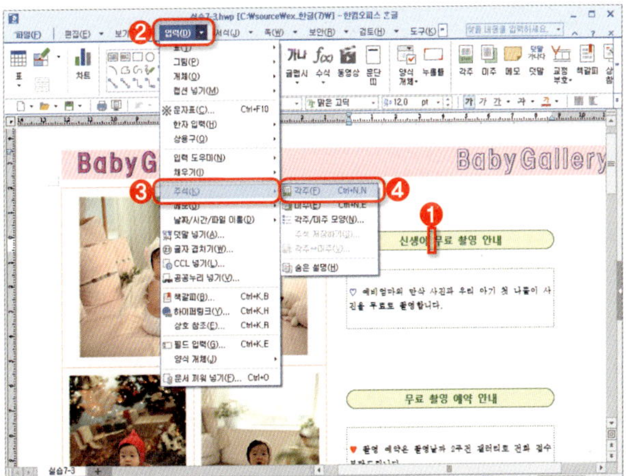

02 각주에 '예쁜 화이트 5R 액자에 담아 드리며, 네이버 카페에서 감상하실 수 있습니다.'를 입력하고 글자 크기와 글자 색은 임의로 설정한 후 [주석] 도구 상자에 [닫기]를 클릭하여 본문으로 돌아온다.

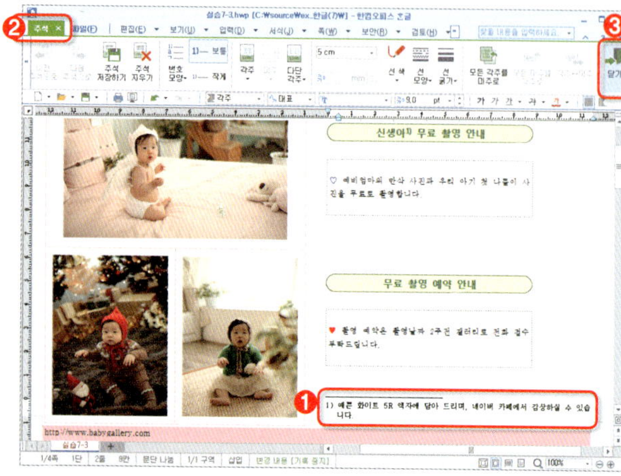

| 단계 2 | 미주 삽입하기

01 미주를 달고자 하는 텍스트 '촬영 예약' 뒤에 커서를 위치시키고 [입력] 도구 상자 – [미주]를 클릭한다.

02 다음과 같이 문서의 맨 뒤에 커서가 생긴다. 미주에 다음과 같이 입력하고 글자 크기, 글자 색은 임의로 설정한 후 [주석] 도구 상자 – [닫기]를 클릭하여 본문으로 돌아온다.

촬영은 주말(토, 일)은 가급적 피하시면 좋으며 아기들이 자는 시간을 피해서 촬영에 임해주시길 바랍니다. 행복한 추억을 만들어 드리겠습니다.

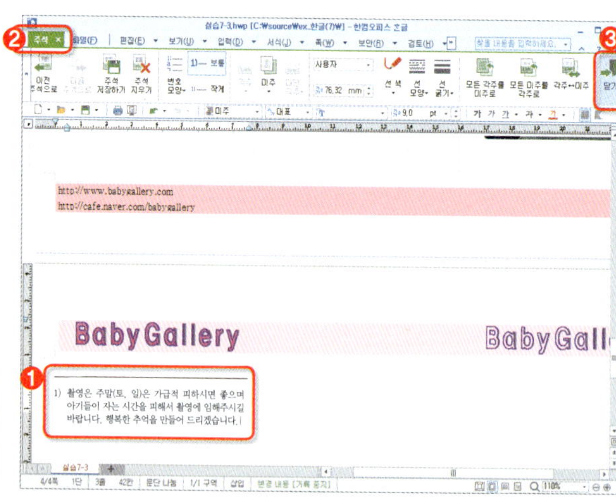

> **NOTE 각주/미주의 수정과 삭제**
>
> - **수정** : 본문 편집 화면에서 각주/미주 내용이 있는 부분을 더블클릭하여 수정한다.
> - **삭제** : 본문 편집 화면 내의 해당 각주/미주 번호 앞에 커서를 위치시킨 후 Delete를 누른다. 각주/미주를 삭제하면 뒤에 있는 각주/미주의 번호가 하나씩 당겨진다.

7.4 쪽 번호 매기기

쪽 번호 매기기는 현재 편집 문서에 쪽 번호를 자동으로 매기는 기능으로, 기본적으로는 머리말/꼬리말 영역에 삽입되며 페이지 번호의 위치나 모양을 설정할 수 있다. 쪽 번호 매기기에 대하여 알아보자.

▶ 준비파일 : 실습7-4.hwp

실습 7-4 쪽 번호 매기기

01 '실습7-4.hwp' 파일을 불러온 후 [쪽] 메뉴 – [쪽 번호 매기기]를 선택한다.

TIP 단축키 Ctrl + N, P를 누르거나 [쪽] 도구 상자 – [쪽 번호 매기기]를 클릭해도 된다.

02 [쪽 번호 매기기] 대화상자에서 다음과 같이 [번호 위치]와 [번호 모양]을 선택한 후 [넣기]를 클릭한다.

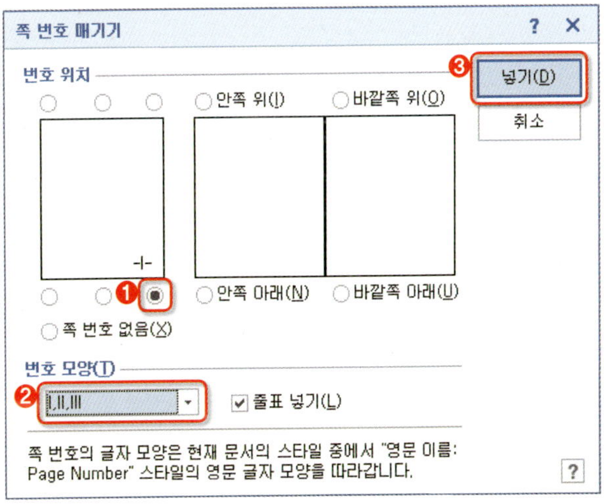

03 화면 오른쪽 하단에 쪽 번호를 확인할 수 있다.

7.5 쪽 테두리와 배경

쪽 테두리와 배경을 넣으면 문서를 더 화려하고 고급스럽게 만들 수 있다. 쪽 테두리의 모양, 두께, 색을 원하는 대로 설정할 수 있으며, 배경에는 색을 채울 수도 있고 그림 파일을 넣을 수도 있다. 쪽 테두리와 배경을 삽입하는 방법을 알아보자.

▶ 준비파일 : 실습7-5.hwp, bg.bmp

실습 7-5 쪽 테두리와 배경 삽입하기

01 '실습7-5.hwp' 파일을 불러온 후 [쪽] 메뉴 - [쪽 테두리/배경]을 선택한다.

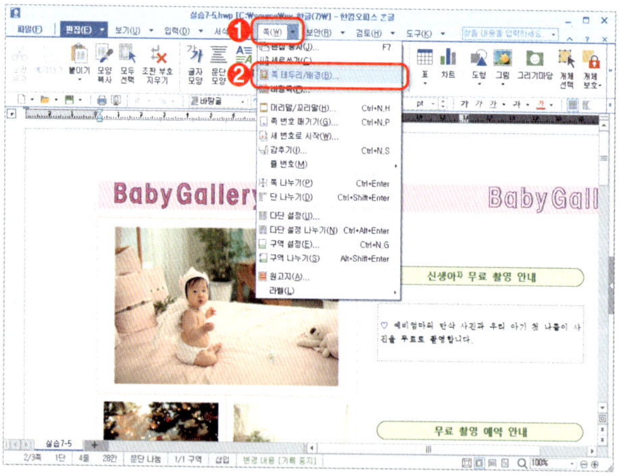

TIP [쪽] 도구 상자 - [쪽 테두리/배경]을 클릭해도 된다.

02 [쪽 테두리/배경] 대화상자의 [테두리] 탭에서 [종류]는 '이중 실선', [굵기]는 '1.5mm', [색]은 '주황', [방향]은 '모두'를 선택한 후 [위치]는 [종이 기준]을 체크한다.

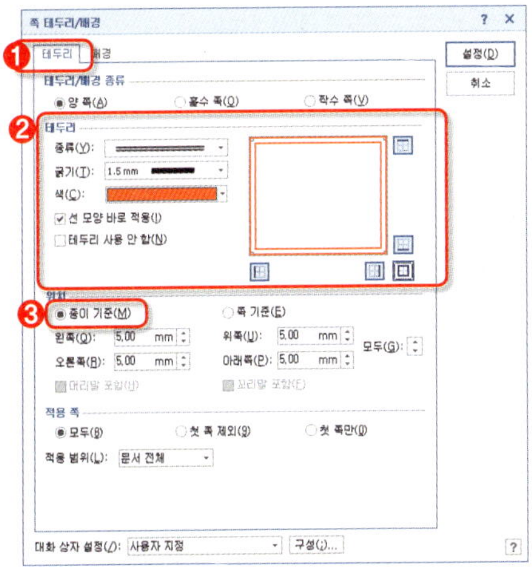

03 [배경] 탭에서 [그림] 항목을 체크하고 [그림 선택]을 클릭하여 [그림 넣기] 대화상자가 열리면 'bg.bmp' 파일을 선택하고 [넣기]를 클릭한다.

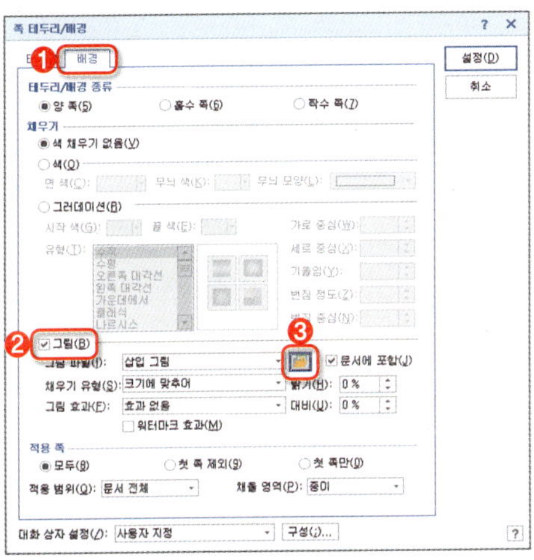

04 다시 [쪽 테두리/배경] 대화상자가 나타나면 [그림]의 [채우기 유형]은 '크기에 맞추어', [밝기]는 '60%', [대비]는 '−60%'로 설정한다. [적용 쪽] 항목은 [첫 쪽만]을 체크하고 [설정]을 클릭한다.

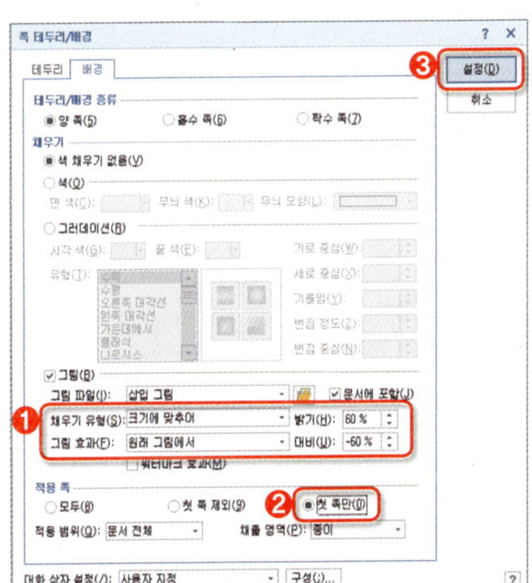

05 페이지 전체에 배경 그림이 적용된다.

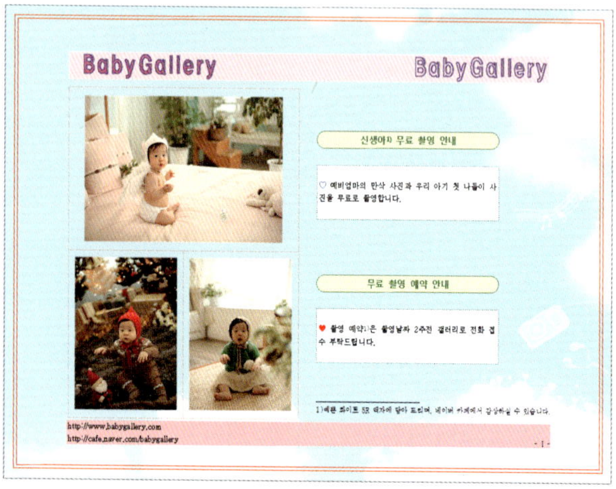

06 다음 페이지를 보면 배경 그림은 적용되지 않고 쪽 테두리만 적용된 것을 확인할 수 있다.

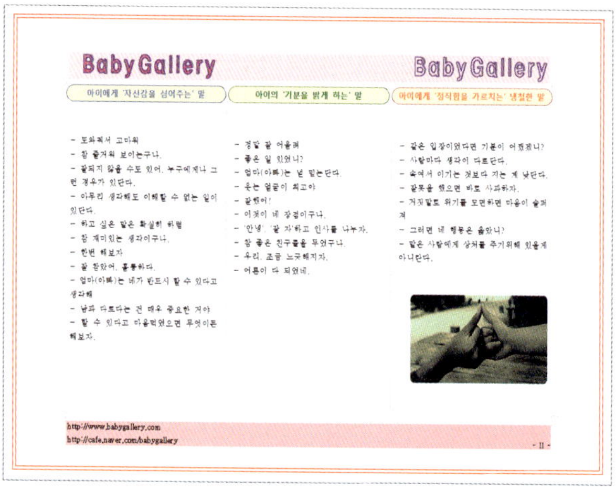

NOTE 현재 쪽만 감추기

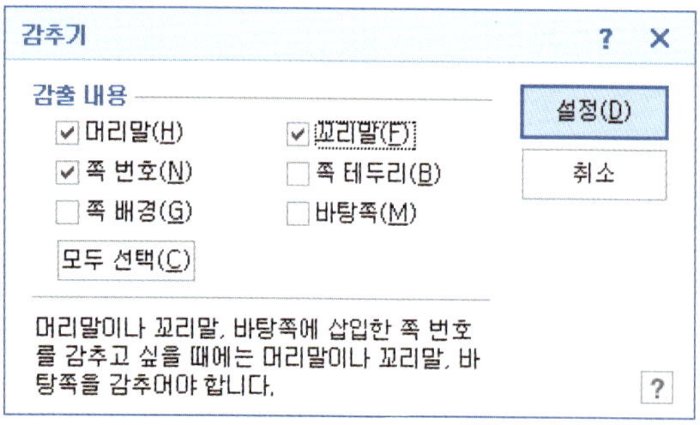

머리말, 꼬리말, 쪽 번호, 쪽 테두리, 쪽 배경 등을 현재 쪽에서 보이지 않게 하는 기능으로, 문서 전체에 일관된 디자인을 적용하면서 특정 페이지만 건너뛰고자 할 때 사용한다.

- [쪽] 도구 상자 – [현재 쪽만 감추기] 또는 [쪽] 메뉴 – [감추기]를 클릭한다.
- [감추기] 대화상자가 열리면 현재 쪽에서 감출 내용을 클릭하여 체크하고 [설정]을 클릭한다.

요약

1 다단

- [쪽] 메뉴 – [다단 설정]을 클릭하여 [단 설정] 대화상자에서 다단을 설정한다.
- **단 나누기** : 다단 설정한 문서에서 각 단의 내용이 다 차지 않더라도 다음 단으로 이동하여 입력을 시작하려고 할 때 사용하는 기능이다.
- **쪽 나누기** : 한 페이지에 글의 내용이 다 차지 않았을 때 다음 페이지로 강제로 넘어갈 수 있는 기능이다.

2 머리말과 꼬리말

- [쪽] 메뉴 – [머리말/꼬리말]을 선택하여 [머리말/꼬리말] 대화상자에서 종류와 위치를 선택한다.
- 머리말/꼬리말 공간은 [편집 용지] 대화상자의 [용지 여백] 항목에서 설정한다. 머리말/꼬리말 여백을 '0'에 가까운 값으로 설정하면 입력할 공간이 작아서 글자를 입력해도 보이지 않는다.
- 머리말/꼬리말을 수정하려면 머리말/꼬리말이 삽입된 부분을 더블클릭하거나 [머리말/꼬리말] 대화상자에서 [편집]을 클릭하여 수정한다.

3 주석

- **각주** : 해당 페이지의 아래쪽에 주석 내용이 삽입된다.
- **미주** : 문서의 맨 마지막 페이지에 주석 내용이 삽입된다.
- 한 문서 안에서 각주와 미주는 별개로 다루어지며 번호도 별도로 매겨진다.

4 쪽 번호 매기기

- [쪽] 메뉴 – [쪽 번호 매기기]를 선택하고 [쪽 번호 매기기] 대화상자에서 번호 위치와 모양을 선택한다.
- 현재 편집 문서에 쪽 번호를 자동으로 매겨주는 기능으로, 기본적으로 머리말/꼬리말 영역에 삽입이 되며 번호의 위치나 모양을 마음대로 지정할 수 있다.

5 쪽 테두리와 배경

- 쪽 테두리와 배경을 넣는 기능을 활용하면 문서를 더 화려하고 고급스럽게 만들 수 있다.
- 쪽 테두리의 모양, 두께, 색을 원하는 대로 설정할 수 있으며, 배경에는 색을 채울 수도 있고 준비한 그림 파일을 넣을 수도 있다.

연습문제

IT COOKBOOK

1 '연습7-1.hwp' 파일을 열어 아래 조건에 맞게 수정하고 '연습7-1(완성).hwp'로 저장하시오.

| 조건 | ▶ 준비파일 : 연습7-1.hwp

① 다단 편집 : 2단, 구분선 넣기

② 머리말 : 글상자를 이용하여 모든 쪽에 넣기, 입력 내용 : '별자리로 알아보는 운세'

③ 꼬리말 : 글상자를 이용하여 모든 쪽에 넣기, 입력 내용 : '출처 : http://www.naver.com'

④ 미주 : 본문 내용 중 '염소자리'에 미주 넣기

- 입력 내용 : '가을철 남쪽 하늘의 별자리이며 황도십이궁의 제10의 별자리이다. 옛 성도에서는 상반신은 염소의 머리이며, 하반신은 물고기 모양이다.'

⑤ 쪽 번호 매기기

- 번호 위치 : '오른쪽 아래', 번호 모양 : '① ② ③', 줄표 넣기

⑥ 쪽 테두리/배경

- 테두리 종류, 굵기, 색 : 임의로 지정, 쪽 테두리 위치 : 쪽 기준

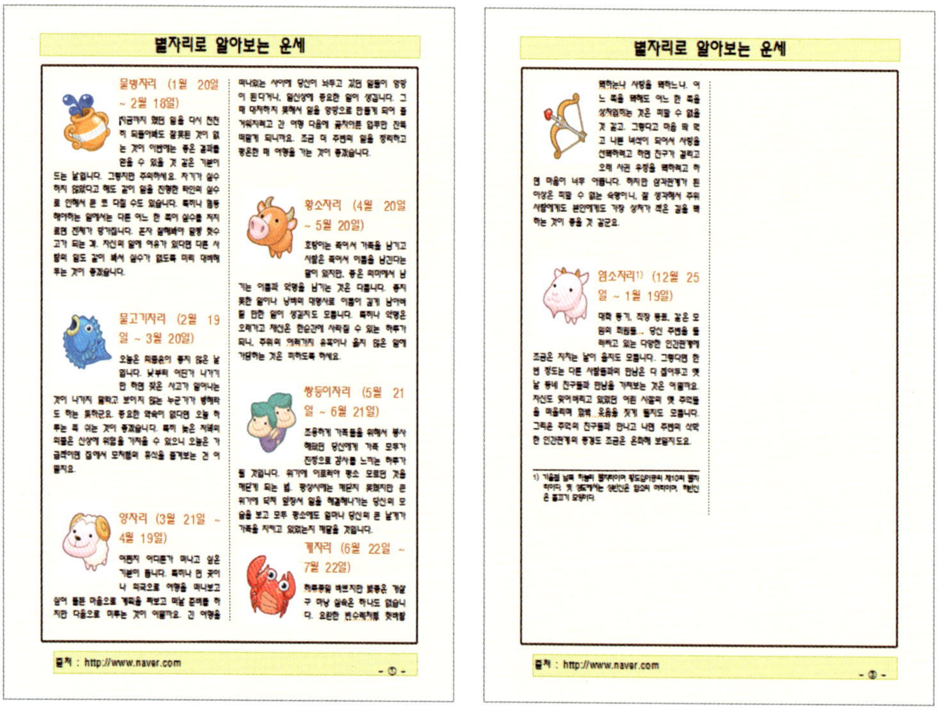

연습문제

IT COOKBOOK

2 '연습7-2.hwp' 파일을 열어 아래 조건에 맞게 수정하고 '연습7-2(완성).hwp'로 저장하시오.

| 조건 | ▶ 준비파일 : 연습7-2.hwp

① 편집 용지
- 용지 종류 : A4 용지(210mm×297mm), 용지 방향 : 좁게
- 용지 여백 : 위쪽/아래쪽/왼쪽/오른쪽 각각 20mm, 머리말/꼬리말 10mm, 기타 0mm

② 다단 : 2단, 단 간격 – 10mm, 구분선 – 실선 0.12mm

③ 머리말 : 글상자를 이용하여 모든 쪽에 넣기, 돋움체, 9포인트, 진하게, 오른쪽 정렬
- 입력 내용 : '나라 신문'

④ 꼬리말 : 돋움체, 9포인트, 진하게, 왼쪽 정렬,
- 입력 내용 : '나라 출판사'

⑤ 각주 : 본문 내용 중 표 제목 뒤 '변동'에 넣기, 돋움체, 9포인트
- 입력 내용 : '최상급 1kg 기준으로 작성함'

⑥ 쪽 번호 : 위치 – 오른쪽 아래, 모양 – 로마자/대문자, 줄표 넣기 선택 안함, 시작 번호 지정

⑦ 쪽 테두리/배경
- 테두리 : 선 종류 – 굵은 실선, 굵기 – 0.4mm
- 위치 : 쪽 기준, 왼쪽/오른쪽/위쪽/아래쪽 모두 5mm
- 배경색 : 임의의 색

나라 신문

광우병 파동 뒤 시중 음식점 등에는 "한우, 호주산 쇠고기만 판다"는 홍보(弘報)(Public Information) 문구가 나붙었지만, 미국산 쇠고기(Beef) 값은 오히려 크게 뛰고 있는 것으로 나타났다. 도소매업체들이 미국산 쇠고기 사재기(Stockpile)에 나섰고, 음식점의 수요(需要)도 꾸준한 탓이다.

1. 업체들 사재기 경쟁(Competition)

29일 서울 성동구 마장동 가축 도매(Wholesale) 시장의 한 직수입 유통(流通) 전문 업체에서는 광우병 파동 전 1kg에 1만 800원이던 미국산 최상급(Best Quality) 갈비(Rib)가 26일 이후 1만 3,000원에 팔리고 있었다. 같은 시장 안 다른 업체들도 사정은 마찬가지였다. 업체 관계자는 "도매 유통 업체나 직수입(Direct Import) 업체들이 가격 상승(Upward Tendency)을 기대해 경쟁적으로 물량을 비축하고 있기 때문"이라며 "통관(Customs Clearance) 절차를 마친 물량에 한계가 있어 지금 고기를 확보하는 게 중요하다"고 귀띔했다.

◎ 미국산 쇠고기 도매 가격 변동[1]

(단위 : 원)

구분	갈비	갈빗살	목심	비고
12월 15일	12,000	11,900	6,500	
12월 23일	11,800	11,800	6,300	
12월 24일	12,400	12,000	6,900	
12월 29일	13,000	12,500	7,300	
평균	12,300	12,050	6,750	

유통업자들이 일부러 가격(價格)을 높여 부르거나 아예 돈을 받는 현상도 나타나고 있다. S무역 관계자는 "2001년 영국 광우병 파동 때도 두어 달 뒤 외국산 품귀 현상이 벌어졌다"며 "유통업자들은 곧 수요가 회복될 것을 알기 때문에 재고를 쌓아두면서 가격을 높여 부르는 것"이라고 말했다.

1) 최상급 1kg 기준으로 작성함

2. 원산지 속임수

직수입 유통업(Distribution Industry) 관계자는 "너도 나도 미국산 안 쓴다는데 누군가는 거짓말을 하고 있는 것"이라고 주장(主張)했다. 실제로 미국산 쇠고기의 전반적 거래량(Trading Volume)은 줄었지만 일부에서는 오히려 늘어나는 현상(Situation)까지 나타나고 있다.

미국계 F외식업체 관계자는 "한우 고기를 쓴다고 알려진 한식당에서도 예전부터 미국산을 썼다고 봐도 무리가 없다"고 말했다. 이에 국립농산물품질관리원(http://www.naqs.go.kr)에서는 원산지를 속여서 파는 곳을 집중 단속할 것이라고 밝혔다.

김순배 기자(Marcos@nationalnews.ac.kr)

나라 출판사

II

SECTION IT COOKBOOK

08 한글 2014 고급 기능 II

이 장에서는 문서를 보다 편리하게 수정할 수 있도록 도와주는 찾기와 찾아 바꾸기, 다른 위치로 이동할 수 있는 책갈피와 하이퍼링크에 대하여 알아본다. 그리고 자주 사용하는 서식을 미리 정해 놓고 쓰는 스타일 활용법과 스타일이 정의된 문서를 이용한 차례 만들기에 대해서도 학습한다.

8.1 찾기와 찾아 바꾸기

문서를 작성하다 보면 본문 중에서 특정한 단어를 찾거나 찾은 단어를 다른 단어로 바꿔야 할 때가 있다. 이때 사용할 수 있는 기능이 찾기와 찾아 바꾸기다. 찾기는 현재 편집하고 있는 문서에서 특정한 문자열을 찾는 기능이며, 찾아 바꾸기는 특정 문자를 찾아 다른 형태로 바꾸는 기능이다. 선택 사항을 이용하면 더욱 자세하고 다양하게 찾기와 찾아 바꾸기를 수행할 수 있다.

▶ 준비파일 : 실습8-1.hwp

실습 8-1 찾기

01 '실습8-1.hwp' 파일을 불러온 후 [편집] 메뉴 – [찾기] – [찾기]를 선택한다.

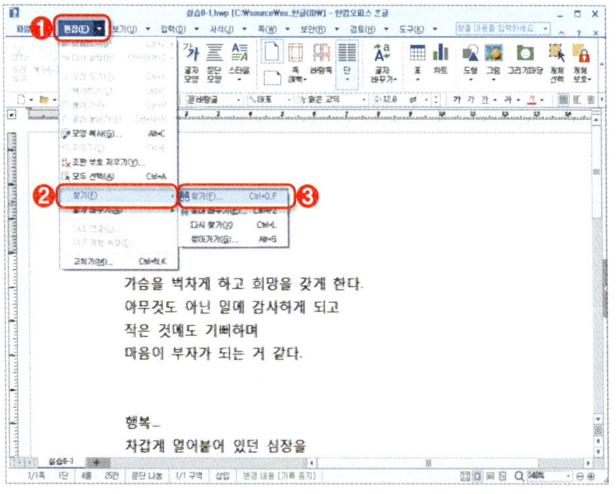

TIP 원하는 부분을 블록 설정한 후 [찾기]를 실행하면 블록 설정된 부분에 대해서만 찾기가 실행된다. 작업이 끝난 뒤에는 나머지 내용에서도 찾기를 계속할 것인지 묻는다.

02 [찾기] 대화상자의 [찾을 내용]에 '행복'을 입력한 후 [찾을 방향]을 [문서 전체]로 설정하고 [다음 찾기]를 클릭한다. '행복'이라는 단어가 찾아지면서 블록으로 표시된다.

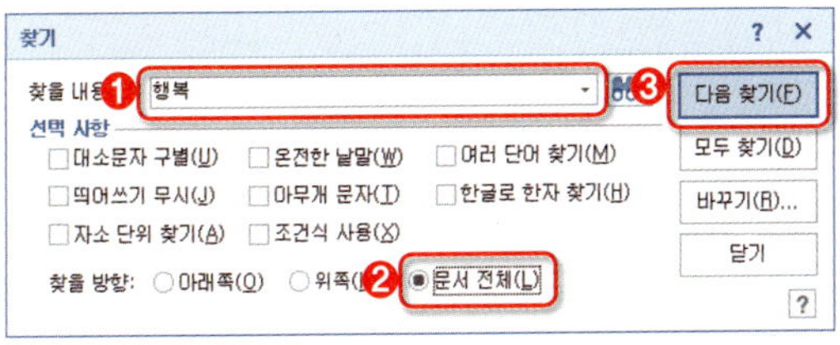

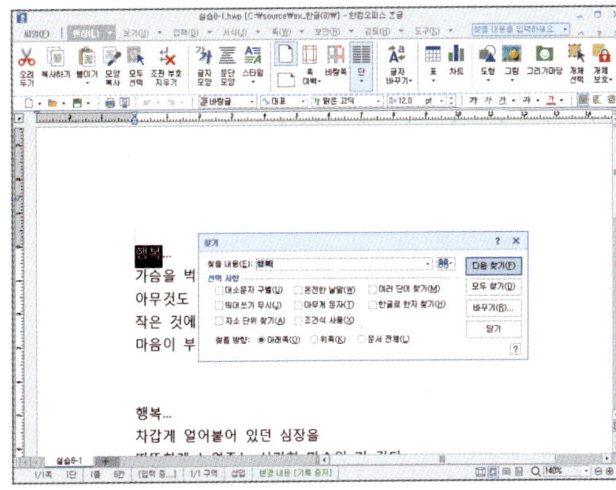

03 [모두 찾기]를 클릭하면 현재 문서에서 '행복'이라는 단어가 모두 형광색으로 표시된다. 더 이상 찾는 내용이 없다는 메시지 상자가 나타나면 [확인]을 누르고 [닫기]를 클릭한다.

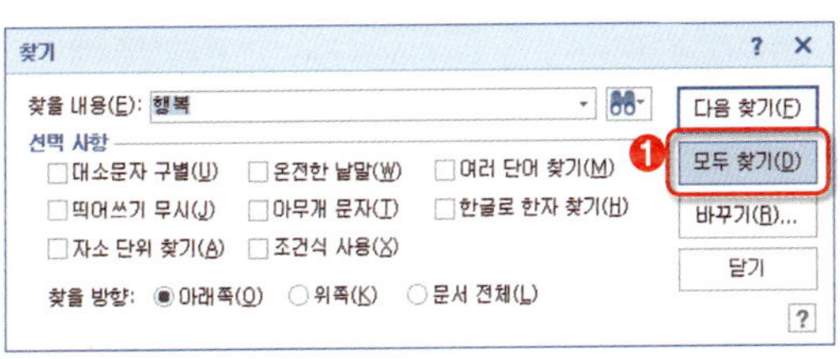

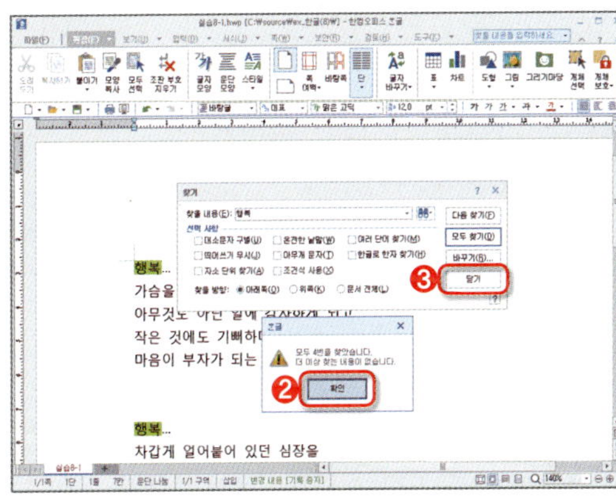

TIP [찾기]는 여러 번 반복해서 실행하는 경우가 많아 자동으로 닫히지 않기 때문에 찾기를 끝낼 때는 [닫기]를 클릭해야 한다. 또한 [바꾸기]를 클릭하면 [찾아 바꾸기]로 전환된다.

NOTE [찾기] 대화상자

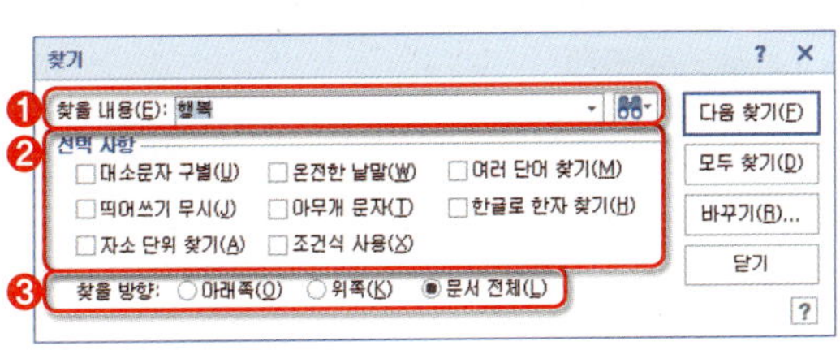

❶ **찾을 내용** : 찾을 내용을 입력하는 곳으로 [서식 찾기]를 클릭하고 서식을 선택하면 특정 서식이 설정된 문자열과 덧말까지 찾을 수 있다.

❷ **선택 사항** : 대소문자 구별, 띄어쓰기 여부 등 여러 가지 선택 사항을 설정하여 검색할 수 있다.

❸ **찾을 방향** : 현재 위치를 기준으로 아래쪽, 위쪽, 문서 전체에서 찾기를 수행한다.

실습 8-2 찾아 바꾸기

01 '실습8-2.hwp' 파일을 불러온 후 [편집] 도구 상자에서 [찾기]의 목록 단추를 클릭하고 [찾아 바꾸기]를 선택한다.

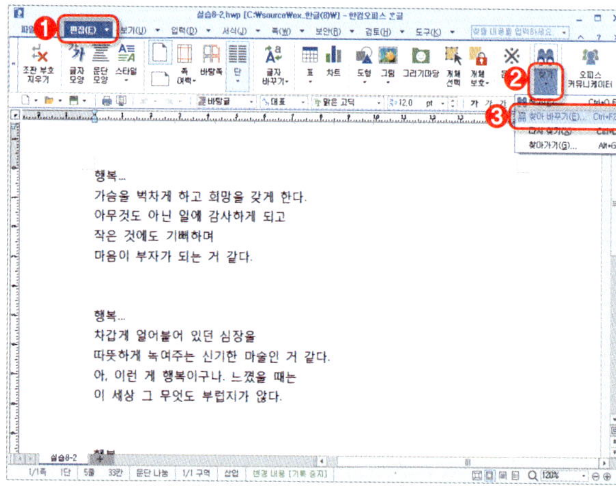

02 [찾아 바꾸기] 대화상자에서 [찾을 내용]에 '행복'을, [바꿀 내용]에 'Happy'를 입력하고 [찾을 방향]에 [문서 전체]를 체크한다. [바꿀 내용]의 [서식 찾기]를 클릭하고 [바꿀 글자 모양]을 선택한다.

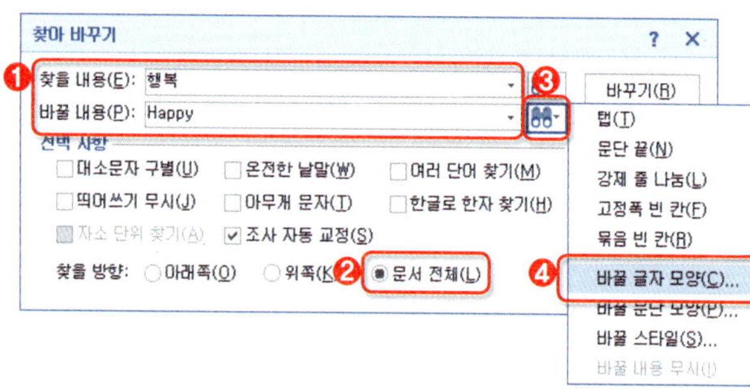

03 [글자 모양] 대화상자에서 [기준 크기]는 '15', [글꼴]은 '휴먼둥근헤드라인', [글자 색]은 '주황'을 선택한 후 [설정]을 클릭한다.

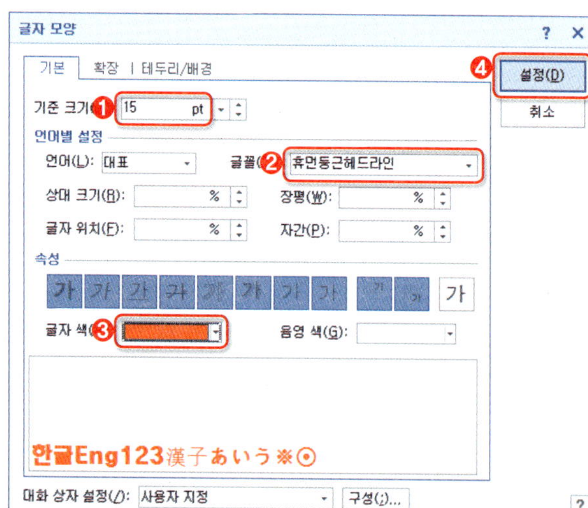

04 [찾아 바꾸기] 대화상자에서 [모두 바꾸기]를 선택한 후 바꾸기를 실행했다는 메시지가 나타나면 [확인]을 클릭하고 [찾아 바꾸기] 대화상자에서 [닫기]를 클릭한다.

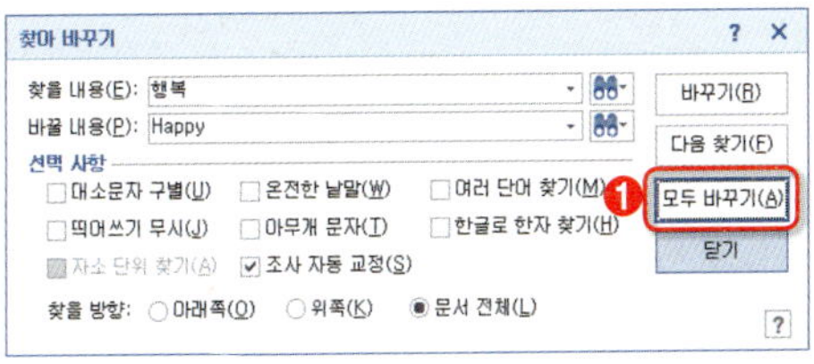

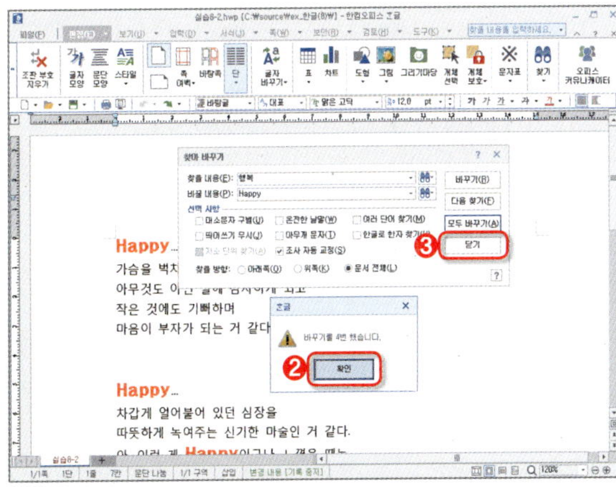

8.2 책갈피와 하이퍼링크

책갈피는 문서의 특정한 위치에 책갈피를 표시해 두었다가 필요할 때 언제든지 해당 위치로 커서를 이동하도록 만드는 기능이다. 그리고 하이퍼링크는 문서의 특정 부분을 클릭했을 때 다른 문서나 웹 페이지, 전자우편으로 이동하도록 만드는 기능이다. 책갈피와 하이퍼링크에 대하여 알아보자.

▶ 준비파일 : 실습8-3.hwp

실습 8-3 책갈피 설정하기

01 '실습8-3.hwp' 파일을 불러온 후 책갈피를 넣을 단어 '프라하' 앞에 커서를 위치시키고 [입력] 메뉴 – [책갈피]를 선택한다.

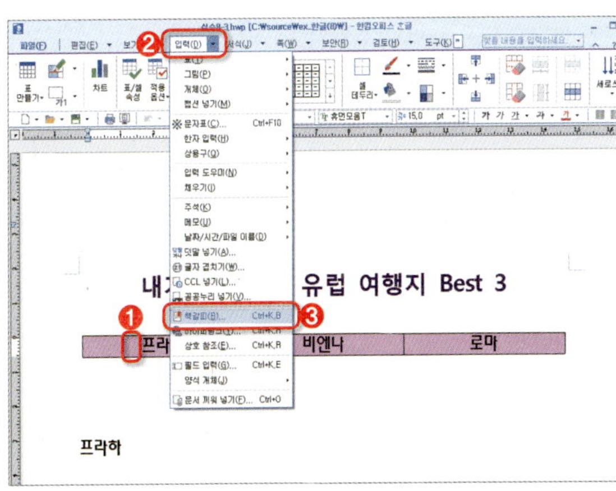

TIP 책갈피 기능을 이용하면 문서의 어느 곳에 있든 표시해 둔 위치로 곧바로 이동할 수 있다.

02 [책갈피] 대화상자가 열리면 [책갈피 이름]은 그대로 둔 채 [넣기]를 클릭한다.

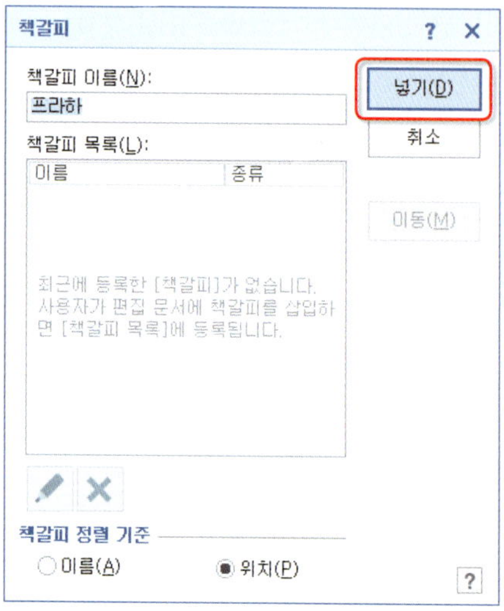

03 2페이지에 있는 '비엔나'와 5페이지에 있는 '로마'에도 같은 방법으로 책갈피를 등록한다.

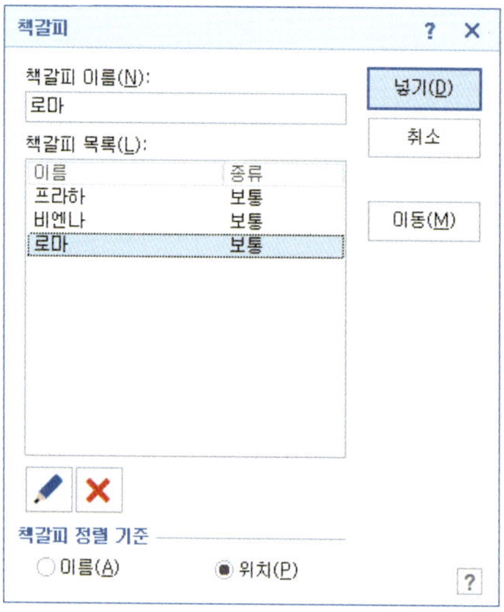

TIP 책갈피 이름은 알아보기 쉽게 정하여 직접 입력해도 된다.

04 본문 맨 앞으로 이동하여 표의 첫 번째 셀에 있는 '프라하'를 블록 설정한다.

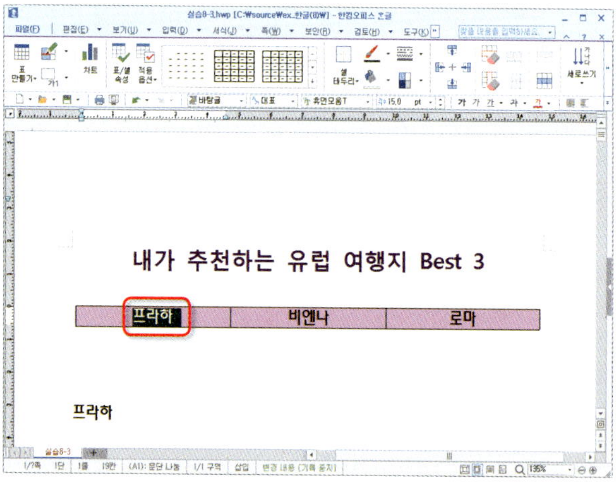

05 블록으로 설정한 단어를 책갈피와 연결하기 위하여 [입력] 메뉴 – [하이퍼링크]를 클릭한다.

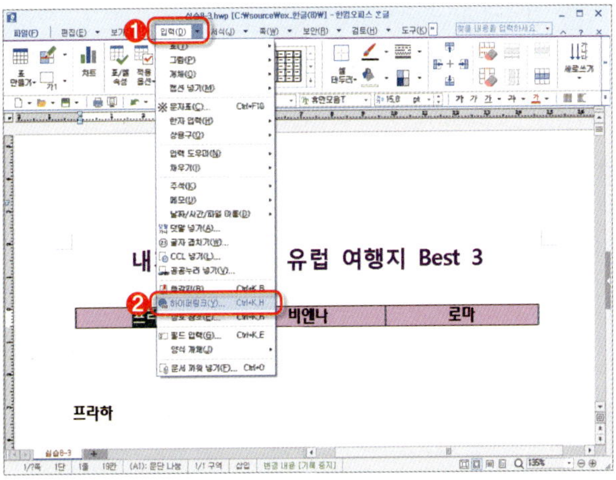

06 [하이퍼링크] 대화상자에서 다음과 같이 '책갈피'의 '프라하'를 선택하고 [넣기]를 클릭한다.

07 같은 방법으로 '비엔나', '로마'도 책갈피를 하이퍼링크로 연결한다. 하이퍼링크가 설정된 텍스트 '프라하'에 마우스를 위치시킨 후 마우스 포인터가 손 모양으로 변경되면 클릭한다.

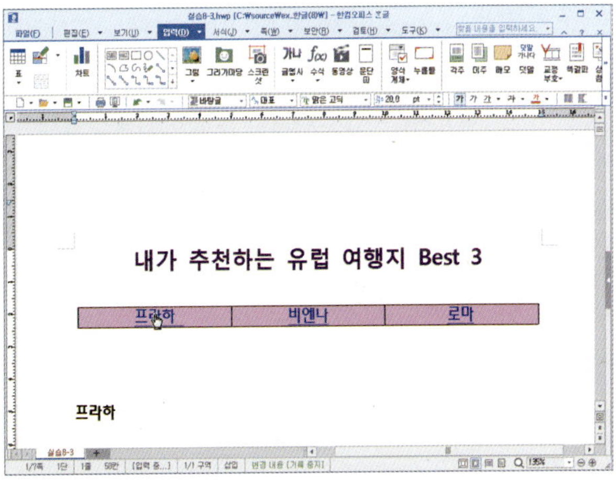

08 책갈피가 설정된 위치로 곧바로 이동한다. '비엔나'와 '로마'도 클릭하여 제대로 이동하는지 확인한다.

TIP 한 번이라도 클릭했던 하이퍼링크는 글자 색이 보라색으로 바뀐다.

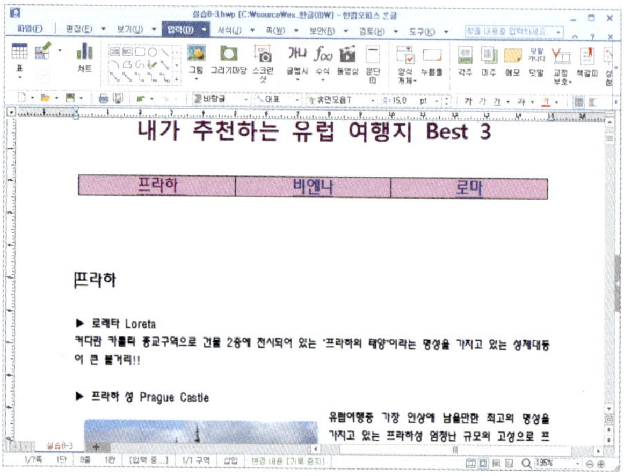

NOTE 하이퍼링크 색상 바꾸기

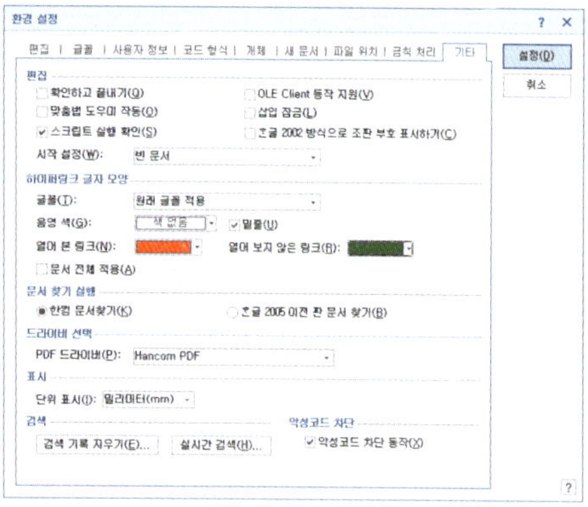

하이퍼링크가 연결된 텍스트는 기본적으로 글자 색이 파란색이고, 한 번이라도 열어 본 하이퍼링크의 글자 색은 보라색으로 바뀐다. 이 색상은 [도구] 메뉴 – [환경 설정]을 선택하여 [환경 설정] 대화상자의 [기타] 탭에서 하이퍼링크의 색을 바꿀 수 있다.

▶ 준비파일 : 실습8-4.hwp

실습 8-4 하이퍼링크 연결하기

01 '실습8-4.hwp' 파일을 불러온 후 하이퍼링크를 설정할 텍스트 '네이버'를 블록 설정하고 [입력] 도구 상자 – [하이퍼링크]를 클릭한다.

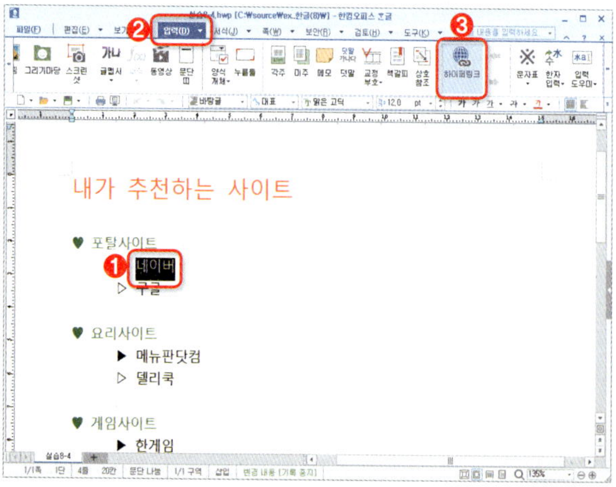

02 [하이퍼링크] 대화상자에서 [연결 종류]는 '웹 주소'를 선택하고 [연결 대상]에는 'http://www.naver.com'을 입력한다. [연결 문서 열기]는 [새 창으로]를 체크하고 [넣기] 클릭한다.

03 다음과 같이 '네이버'에 하이퍼링크가 연결된다.

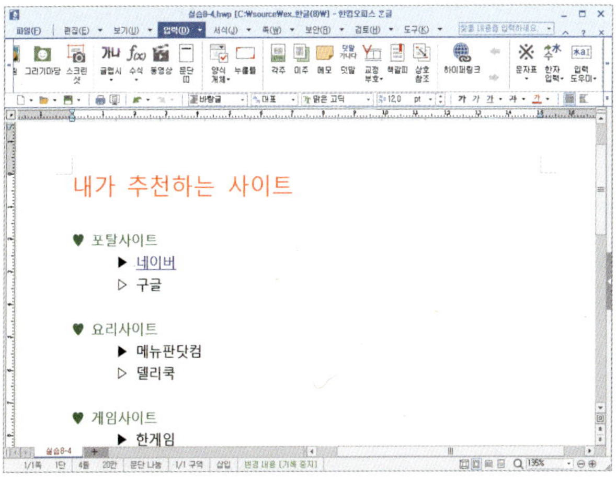

NOTE 하이퍼링크 수정과 삭제

하이퍼링크가 설정된 텍스트를 마우스 오른쪽 버튼으로 클릭하고 팝업메뉴에서 [하이퍼링크 고치기]나 [하이퍼링크 지우기]를 선택하면 하이퍼링크를 수정하거나 삭제할 수 있다.

8.3 스타일

자주 사용하는 글자 모양이나 문단 모양을 미리 정해 놓고 쓰는 것을 스타일이라고 한다. 스타일을 만들어 놓으면 등록한 스타일을 적용만 해도 글자 모양과 문단 모양을 한번에 바꿀 수 있기 때문에 문서 편집 시간이 훨씬 줄어든다. 새로운 스타일을 추가하고 편집하는 방법과 스타일을 적용하는 방법에 대하여 알아보자.

▶ 준비파일 : 실습8-5.hwp

실습 8-5 스타일 만들고 적용하기

| 단계 1 | 스타일 만들기

01 '실습8-5.hwp' 파일을 불러온 후 [서식] 메뉴 – [스타일]을 클릭한다.

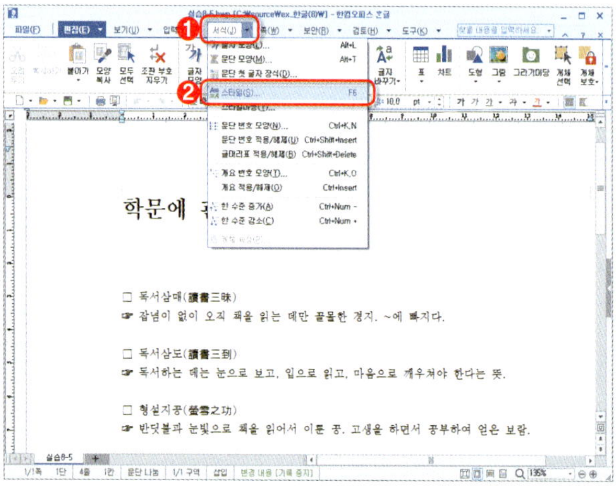

02 [스타일] 대화상자에서 [스타일 추가하기 +]를 클릭한다.

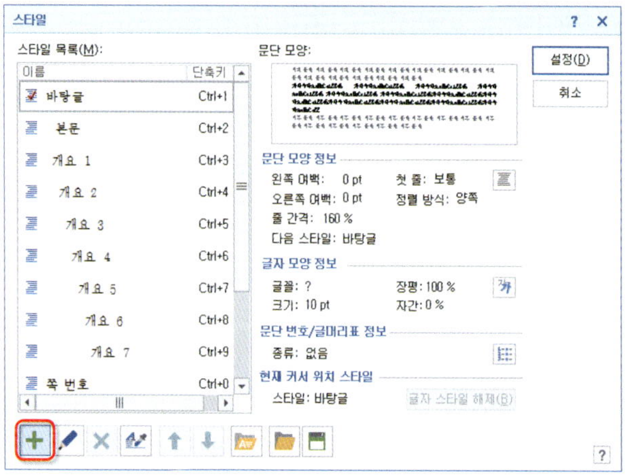

03 [스타일 추가하기] 대화상자에서 [스타일 이름]을 '한자'로 입력한 후 [글자 모양]을 클릭한다.

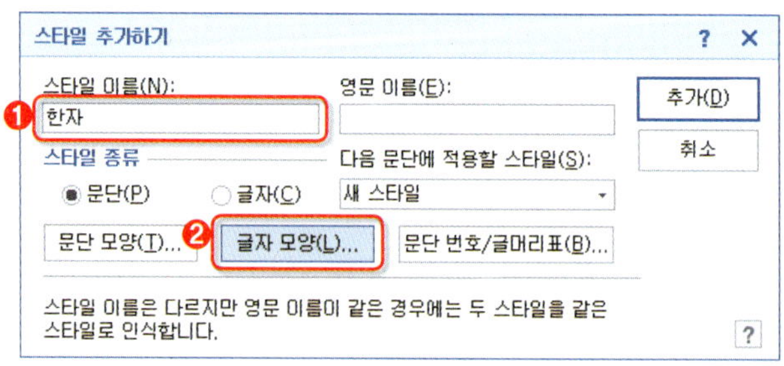

04 [글자 모양] 대화상자가 열리면 [기준 크기]는 '12', [글꼴]은 '맑은 고딕', [자간]은 '10', [글자 색]은 '파랑'을 선택한 후 [설정]을 클릭한다.

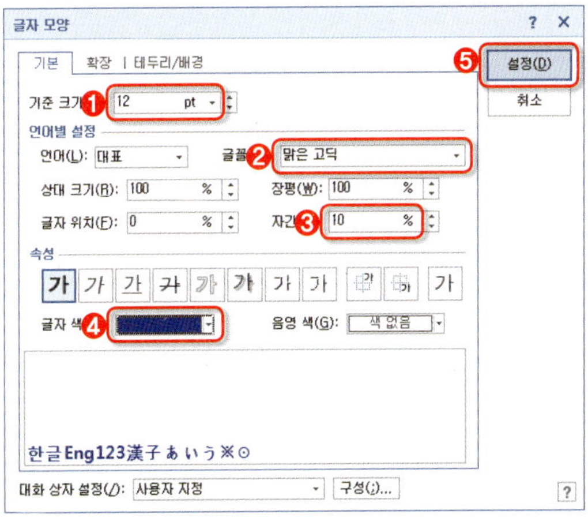

05 [스타일 추가하기] 대화상자가 다시 나타나면 [추가]를 클릭한다.

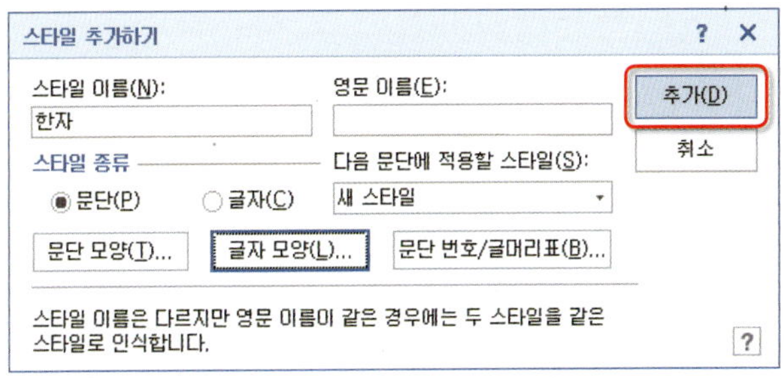

06 '한자'라는 스타일이 스타일 목록에 추가된다. [스타일 추가하기 +]를 클릭한다.

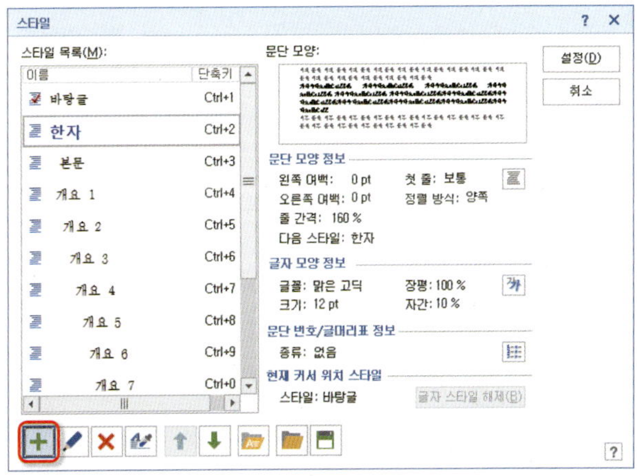

07 [스타일 추가하기] 대화상자에서 스타일 이름을 '내용'으로 입력한 후 [문단 모양]을 클릭한다.

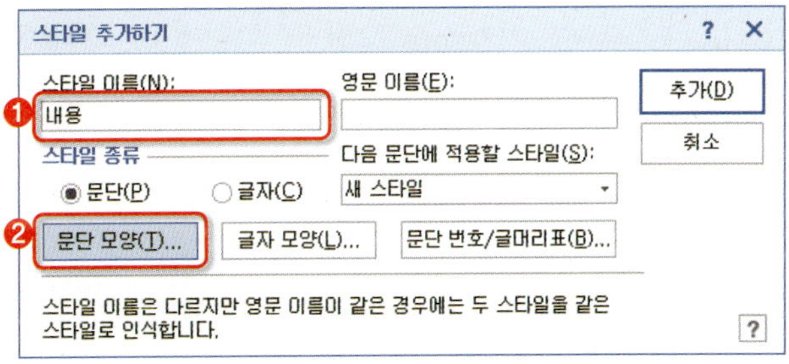

08 [문단 모양] 대화상자가 열리면 다음과 같이 [왼쪽 여백]을 '15'로 지정한 후 [설정]을 클릭하고 [스타일 추가하기] 대화상자에서 [추가]를 클릭한다.

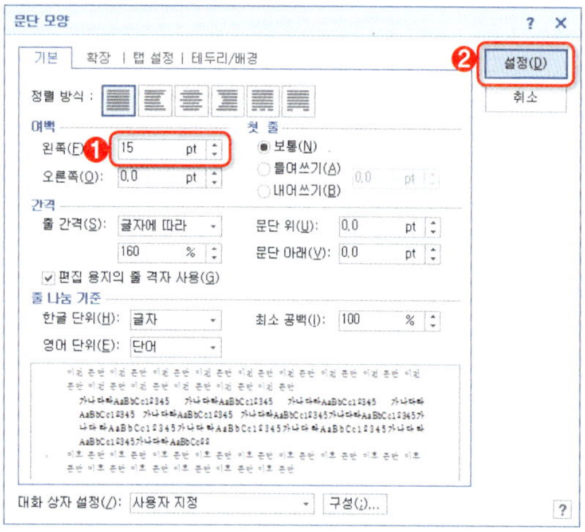

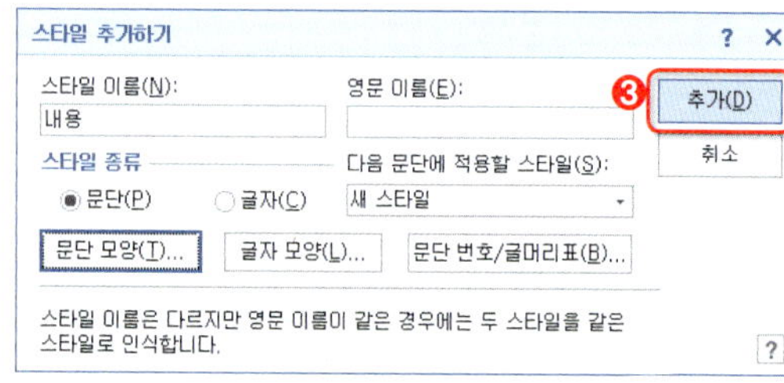

09 [스타일] 대화상자에서 '내용' 스타일을 선택하고 [한 칸 아래로 이동하기 ⬇]를 클릭하여 '한자' 스타일과 순서를 바꾼 후 [취소]를 클릭한다.

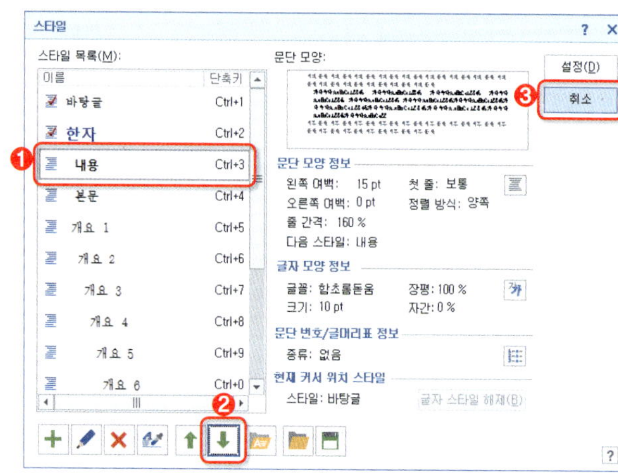

TIP [스타일] 대화상자에서 [설정]을 누르게 되면 현재 커서가 있는 위치에 선택된 스타일이 적용되므로 [취소]를 클릭한 것이다.

| 단계 2 | 스타일 적용하기

01 '독서삼매' 앞에 커서를 위치시키고 [서식] 도구 상자의 [스타일] 목록에서 '한자' 스타일을 클릭한다.

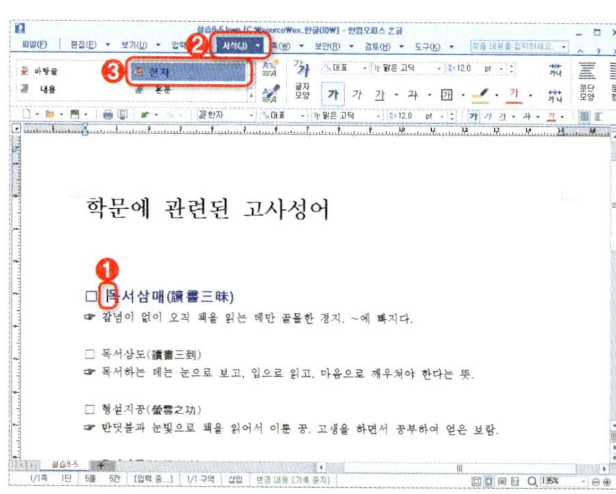

TIP 여러 문단에 스타일을 적용하고자 할 때는 블록 설정 한 후 해당 스타일을 클릭한다.

02 나머지 사자성어 부분에도 '한자' 스타일을 적용한다.

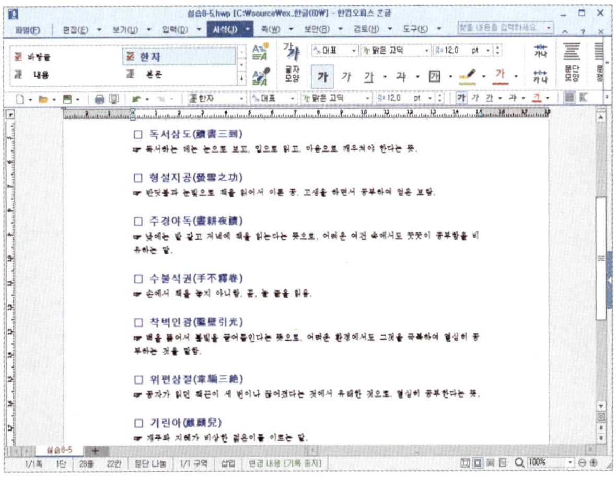

03 사자성어 설명에 '내용' 스타일을 적용하기 위해 '독서삼매'의 아래 문단에 커서를 위치시킨 후 [서식] 도구 상자의 [스타일] 목록에서 '내용' 스타일을 클릭한다.

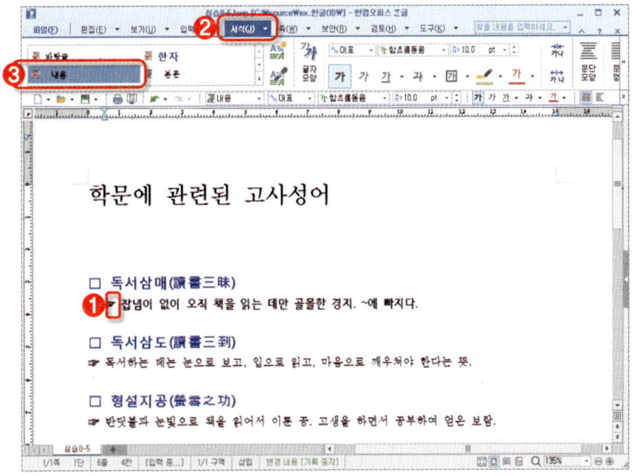

04 나머지 설명 부분에도 다음과 같이 '내용' 스타일을 적용한다.

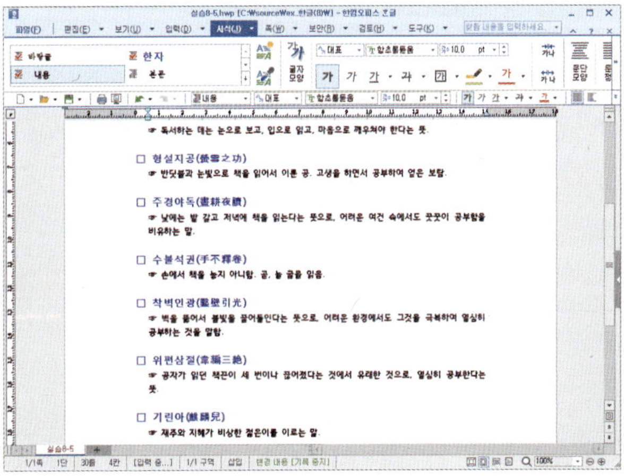

▶ 준비파일 : 실습8-6.hwp

실습 8-6 스타일 편집하기

01 '실습8-6.hwp' 파일을 불러온 후 [서식] 메뉴 – [스타일]을 선택한다. [스타일] 대화상자가 열리면 [스타일 목록]에서 '한자' 스타일을 선택하고 [스타일 편집하기]를 클릭한다.

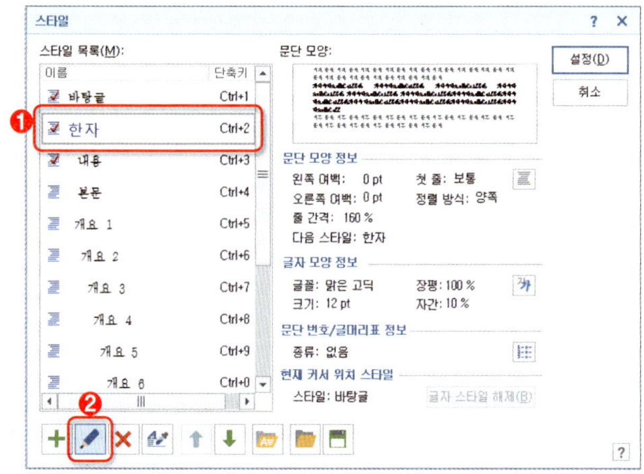

02 [스타일 편집하기] 대화상자에서 [글자 모양]을 클릭한다.

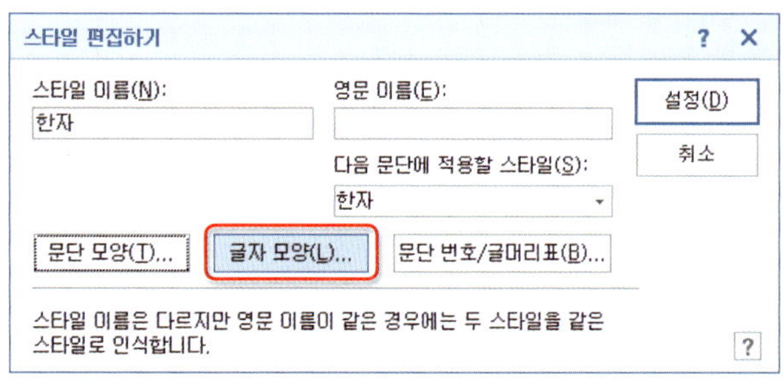

03 [글자 모양] 대화상자에서 [글꼴]은 '궁서체', [글자 색]은 '주황'으로 변경한 후 [설정]을 클릭한다.

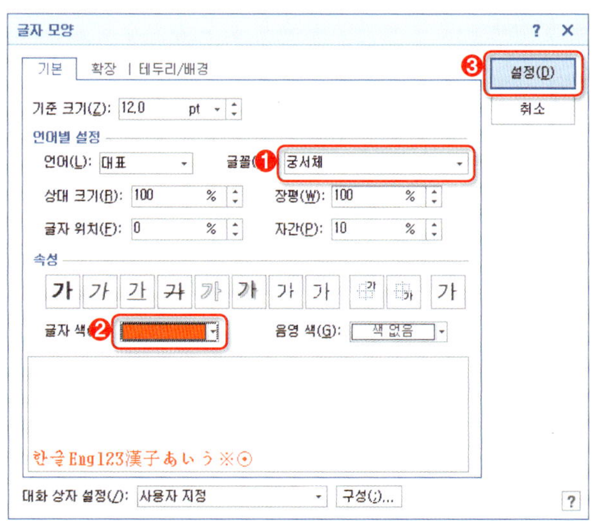

04 [스타일 편집하기] 대화상자로 되돌아오면 [설정]을 누른 후 [스타일] 대화상자에서 [취소]를 클릭하여 닫는다.

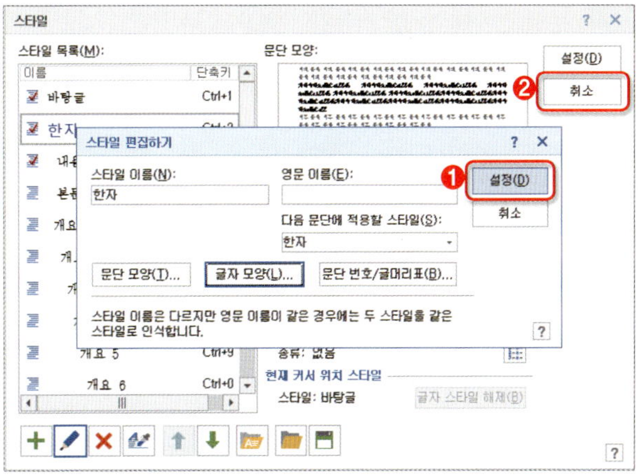

05 문서 전체에 '한자' 스타일이 적용된 부분이 변경된 스타일로 바뀐다.

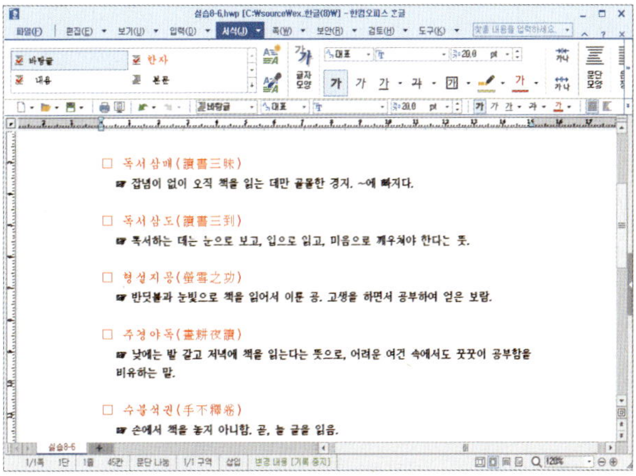

06 같은 방법으로 '내용' 스타일의 문단 모양도 수정한다. [문단 모양] 대화상자의 [테두리/배경] 탭에서 [면색]을 '초록 90% 밝게'로 변경하고 [설정]을 클릭한다.

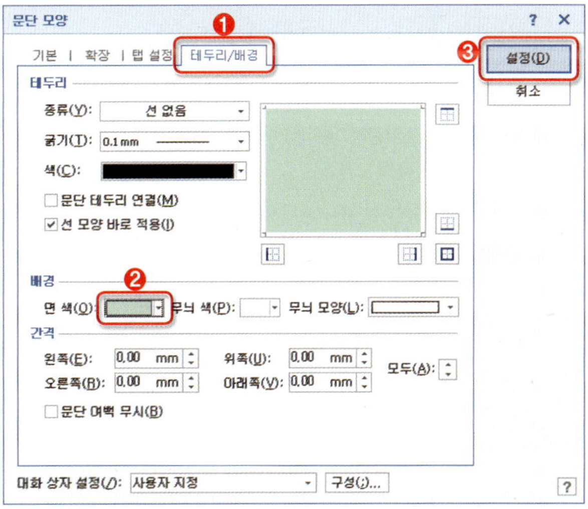

07 문서 전체에 '내용' 스타일이 적용된 부분이 변경된 스타일로 바뀐다.

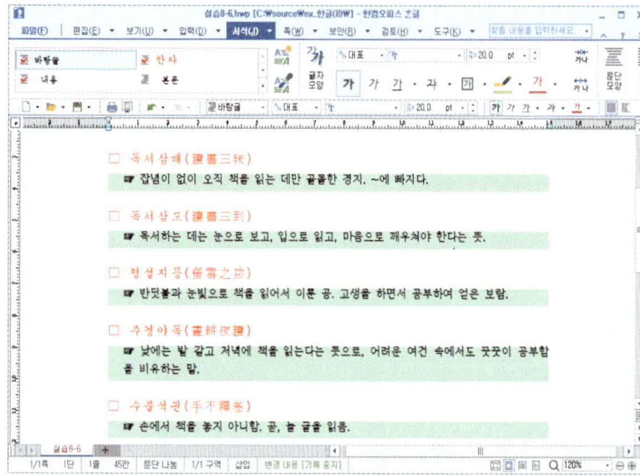

NOTE [스타일] 대화상자

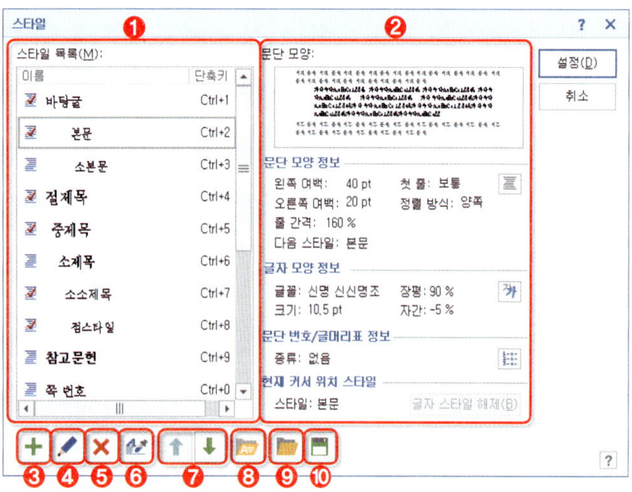

❶ **스타일 목록** : 스타일의 이름과 단축키를 목록으로 보여준다. 글자 모양과 문단 모양이 미리 보기 형태로 나타나기 때문에 문서에 적용했을 때의 모양을 알 수 있다.

❷ **스타일 세부 정보** : 선택한 스타일에 적용된 글자 모양과 문단 모양, 문단 번호 등을 확인할 수 있다.

❸ **스타일 추가하기** : 새로운 스타일을 만들어 등록한다.

❹ **스타일 편집하기** : 이미 만들어진 스타일을 편집한다.

❺ **스타일 지우기** : 필요 없는 스타일을 삭제한다.

❻ **현재 모양으로 바꾸기** : 현재 커서가 놓인 위치의 글자나 문단의 스타일을 바꾼다.

❼ **한 칸 위/아래로 이동하기** : 스타일을 목록에서 위, 아래로 이동시킨다.

❽ **스타일 마당** : [스타일 마당] 대화상자가 나타난다.

❾ **스타일 가져오기** : 스타일이 적용된 한글 문서나 저장해 놓은 스타일 파일을 가져온다.

❿ **스타일 내보내기** : 현재 문서에 정의되어 있는 스타일을 별도의 파일로 저장한다.

8.4 차례 만들기

책이나 문서의 맨 앞에는 본문 제목을 위주로 어떤 내용이 몇 페이지에 있는지를 나타내는 차례가 있다. 차례는 제목을 모아 만들 수도 있으며, 표, 그림, 수식 등에도 부여할 수 있다. 내용에 관한 차례는 문서 내용에 적용한 개요 번호나 스타일을 토대로 만들고, 표나 그림 등은 개체에 부여한 캡션을 이용하여 만든다. 따라서 차례를 만들려면 제목에 해당하는 부분에 개요나 스타일을 미리 적용해 두어야 하며, 표나 그림 등은 캡션을 부여해 두어야 한다.

▶ 준비파일 : 실습8-7.hwp

실습 8-7 차례 만들기

01 '실습8-7.hwp' 파일을 불러온 후 [도구] 도구 상자 – [제목 차례] – [차례 만들기]를 클릭한다.

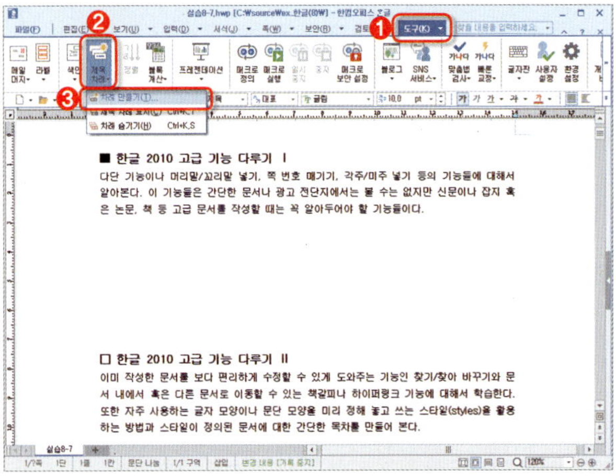

02 [차례 만들기] 대화상자가 열리면 [제목 차례], [스타일로 모으기]와 내부의 [제목]을 체크하고 [표 차례], [그림 차례], [수식 차례]의 체크를 해제한 후 [만들기]를 클릭한다.

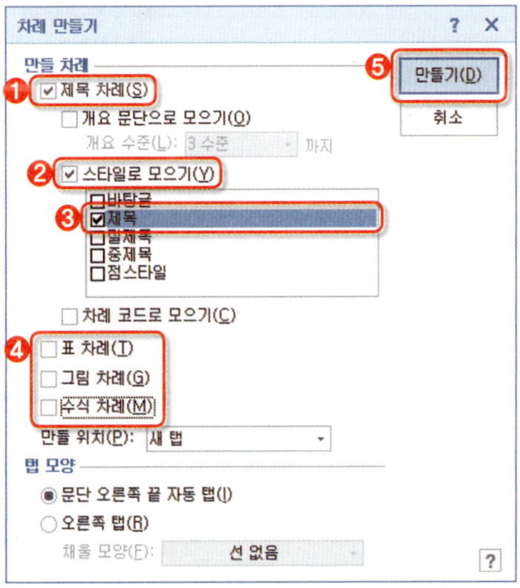

03 다음과 같이 새로운 문서가 만들어지면서 '제목 차례'가 나타난다. '제목' 스타일이 설정되어 있는 문단이 차례가 되어 왼쪽에 표시되고 오른쪽에는 해당 페이지가 표시된다. [실습8-7] 탭을 클릭하여 '실습8-7.hwp' 문서로 돌아간다.

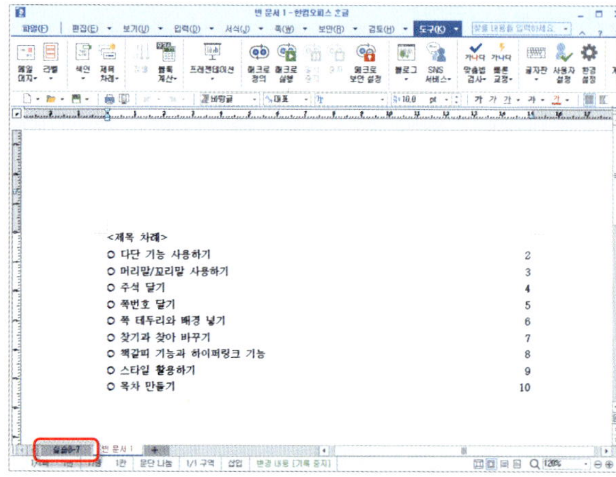

TIP [차례 만들기]를 한 후에 본문 내용이 수정되어 쪽 번호가 변경된 경우에는 [차례 만들기]를 다시 실행하거나 만들었던 문서를 직접 수정하여 쪽 번호를 갱신한다.

04 동일한 방법으로 [차례 만들기] 대화상자를 열어 [제목]을 체크한다. [탭 모양] 항목에서 [오른쪽 탭]을 클릭하고 [채울 모양]에서 [실선]을 선택한 후 [만들기]를 클릭한다.

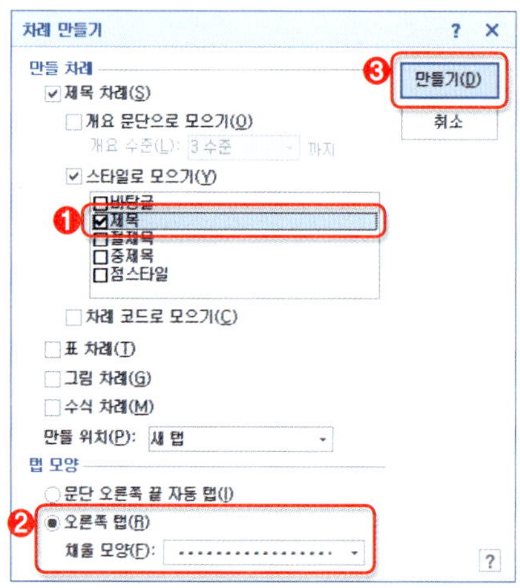

05 새로운 문서 탭에 차례 제목과 해당 페이지 사이에 실선이 표시된 새로운 제목 차례가 나타난다.

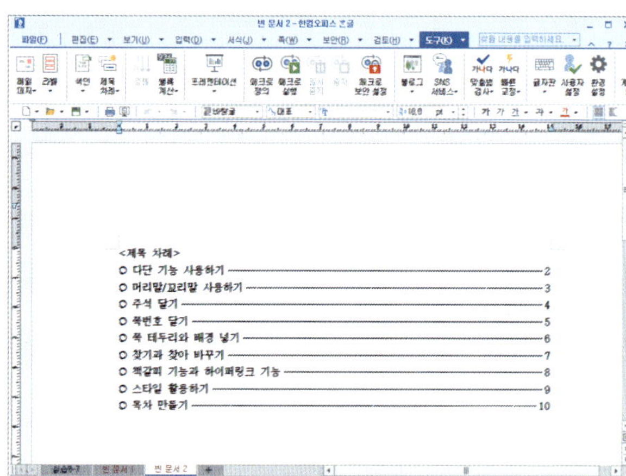

TIP [차례 만들기] 대화상자에서 [만들 위치]가 [새 탭]으로 설정되어 있었기 때문에 새로운 탭에 제목 차례가 만들어진다. 별도의 문서이므로 따로 저장해야 한다.

NOTE [차례 만들기] 대화상자

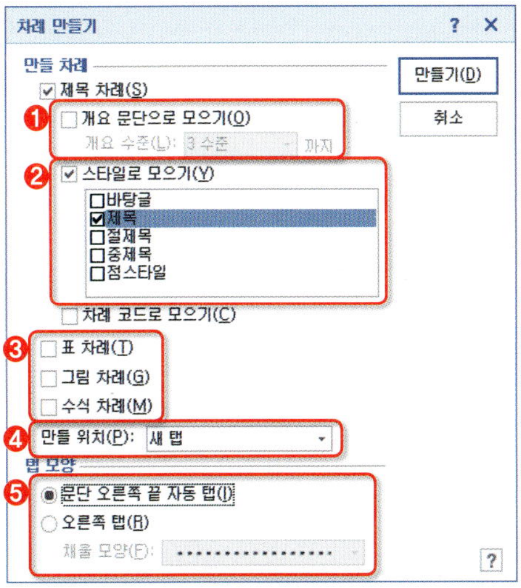

❶ 개요 문단으로 모으기 : 개요 문단을 한 곳에 모아 각 줄마다 쪽 번호를 붙여 문서를 만든다.

❷ 스타일로 모으기 : 선택한 특정 스타일을 한 곳에 모아 각 줄마다 쪽 번호를 붙여 문서를 만든다.

❸ 표/그림/수식 차례 : 표, 그림, 수식에 부여된 캡션을 기준으로 한 곳에 모아 각 줄마다 쪽 번호를 붙여 문서를 만든다.

❹ 만들 위치 : 현재 문서의 커서 위치 또는 새 탭에 차례를 만든다.

❺ 탭 모양 : 만들어지는 차례에 사용할 탭을 선택할 수 있으며 채울 모양도 선택이 가능하다.

요약

IT COOKBOOK

1 찾기와 찾아 바꾸기

- **찾기** : 현재 문서에서 특정한 단어나 문자를 찾는 기능이다.
- **찾아 바꾸기** : 현재 문서에서 특정한 단어나 문자를 찾아 다른 단어나 문자로 바꾸는 기능이다.

2 책갈피와 하이퍼링크

- **책갈피** : 문서의 특정한 위치에 책갈피를 표시해 두었다가 필요할 때 언제든지 해당 위치로 커서를 이동하도록 만드는 기능이다.
- **하이퍼링크** : 문서의 특정 부분을 클릭했을 때 다른 문서나 웹 페이지, 전자우편으로 이동하도록 만드는 기능이다.

3 스타일

- **스타일** : 자주 사용하는 글자 모양이나 문단 모양을 미리 정해 놓고 쓰는 것을 말한다.
- 스타일을 만들어 놓으면 등록한 스타일을 적용만 해도 글자 모양과 문단 모양을 한번에 바꿀 수 있기 때문에 문서를 편집하는 시간이 훨씬 줄어든다.

4 차례 만들기

- **차례** : 문서 본문의 제목을 위주로 어떤 내용이 몇 페이지에 있는지를 나타내주는 것으로, 책 앞에 있는 목차와 같은 기능이다.
- 차례는 제목을 모아 만들 수도 있으며, 표, 그림, 수식 등에도 부여할 수 있다.
- 내용에 관한 차례는 문서 내용에 적용한 개요 번호나 스타일을 토대로 만들고, 표나 그림 등은 개체에 부여한 캡션을 이용하여 만든다.
- 차례를 만들려면 제목에 해당하는 부분에 개요나 스타일로 미리 적용해 두어야 하고, 표나 그림 등은 캡션을 부여해 두어야 한다.

1 '연습8-1.hwp' 파일을 열어 아래 조건에 맞게 찾아 바꾸기 기능을 수행하고 '연습8-1(완성).hwp'로 저장하시오.

| 조건 | ▶ 준비파일 : 연습8-1.hwp

① '사랑은'이라는 단어를 'Love'로 바꾸고, 글꼴은 '궁서체', 글자 색은 '빨강'으로 변경하시오.

② '사랑'이라는 단어를 찾아 글자 색을 '주황'으로 변경하고 강조점을 적용하시오.

참된 사랑이란....

사랑은 비교하지 않습니다
보잘것없어 보인다 해서
빈약해 보인다 해서
감추고
부풀리지 않습니다

사랑은 구걸하지도 않습니다
초라해 보인다 해서
남의 사랑이 더 아름다워 보인다 해서
화려한 것을 탐하지 않습니다
있는 그대로
존재하는 그대로
두 사람 안에서만 함께 할 뿐입니다

사랑은 또 비난하지 않습니다
방식이 다르다 해서
표현이 다르다 해서
헐뜯고
시기하는
잘못을 범하지 않습니다

사랑은 약속만 무성하게 남기지 않습니다
마음을 사로잡기 위해
잠시 잠깐의 현혹을 위해
무모한 다짐 하나도
주절주절 내뱉지는 않습니다

참된 사랑이란....

Love 비교하지 않습니다
보잘것없어 보인다 해서
빈약해 보인다 해서
감추고
부풀리지 않습니다

Love 구걸하지도 않습니다
초라해 보인다 해서
남의 사랑이 더 아름다워 보인다 해서
화려한 것을 탐하지 않습니다
있는 그대로
존재하는 그대로
두 사람 안에서만 함께 할 뿐입니다

Love 또 비난하지 않습니다
방식이 다르다 해서
표현이 다르다 해서
헐뜯고
시기하는
잘못을 범하지 않습니다

Love 약속만 무성하게 남기지 않습니다
마음을 사로잡기 위해
잠시 잠깐의 현혹을 위해
무모한 다짐 하나도
주절주절 내뱉지는 않습니다

2 '연습8-2.hwp' 파일을 열어 아래 조건에 맞게 책갈피와 하이퍼링크 기능을 수행하고 '연습8-2(완성).hwp'로 저장하시오.

| 조건 | ▶ 준비파일 : 연습8-2.hwp

① 각 페이지의 각 단마다 책갈피를 지정하시오(책갈피 이름 : 임의로 지정).

② 첫 페이지의 표 안의 내용마다 하이퍼링크를 지정하시오.

③ 텍스트 '처음으로'에 하이퍼링크를 설정한다.

- 연결 대상 : 문서의 처음으로

④ 각 단마다 홈페이지 주소에 하이퍼링크를 설정한다.

- 연결 대상 : 해당 홈페이지 주소

연습문제

3 '연습8-3.hwp' 파일을 열어 아래 조건에 맞게 완성하고 '연습8-3(완성).hwp'로 저장하시오.

| 조건 | ▶ 준비파일 : 연습8-3.hwp

- 다음과 같은 스타일을 만들고 문서에 적용하시오.
  ① 한글 : 함초롬돋움, 10pt, 글자 색 – 주황, 글머리표 추가
  ② 영어 : 함초롬돋움, 12pt, 글자 색 – 초록

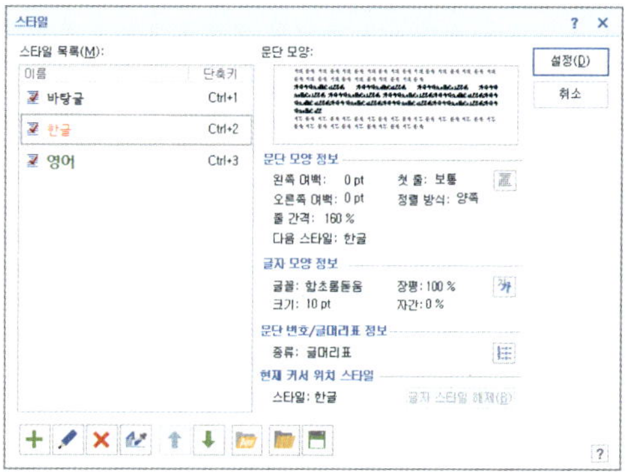

'한글' 스타일

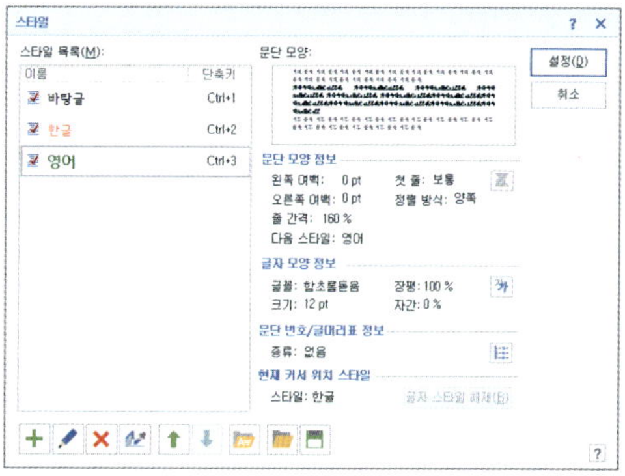

'영어' 스타일

팝송으로 배우는 영어

(Ahhhhhhh HEY!)
- 아—— 헤이!

(Ohhhh Ohhh ohhhhhhOhohohohoho)
- 오오오오- 오오오오- 오오오오- 와와오오오오-

Does she see me When I'm waiting around?
- 주변에서 기다리고 있을 때 그녀가 날 봤을까요?

In the background Fade out to black now
- 배경은 점점 검은색으로 희미해져가요

Does she hear me When I'm calling her out
- 그녀를 불렀을 때 내 목소리를 들었을까요?

Or did I ever really never really open my mouth
- 아니라면 정말 난 다시는 입을 열지 않을거야

I never get what I want when I want to
- 내가 원할 때 내가 원하는걸 가져본 적이 없어

I never do what I need when I need to
- 내가 필요할 때 내가 필요한 일을 해본 적이 없어

I never say what I mean when I see you
- 내가 널 보고 있을 때 내 마음을 이야기 해본 적이 없어

I guess you're never gonna know so never mind
- 아마 넌 절대 알려하지 않을꺼야 그래서 신경안써

연습문제

4 '연습8-4.hwp' 파일을 열어 다음과 같이 차례를 만들고 '연습8-4(완성).hwp'로 저장하시오.

| 조건 | ▶ 준비파일 : 연습8-4.hwp

① 만들 차례 : 스타일로 모으기('명소', '제목' 스타일 선택)

② 만들 위치 : 새 탭

③ 탭 모양 : 오른쪽 탭(채울 모양 – '실선')

<제목 차례>

프라하 1
▶ 로레타 Loreta 1
▶ 프라하 성 Prague Castle 1
▶ 비타성당 Vitus Cathedral 1
▶ 황금소로 Golden lane 2
▶ 까를교 Charles Bridge 2
비엔나 3
▶ 국립 오페라 극장 Staatsoper 3
▶ 캐른트너 거리 Karntner Strasse 3
▶ 성 슈테판 사원 Stephansdom 3
▶ 시청사 Rathaus 4
▶ 쉔부른 궁전 Schloss Schonbrunn 4
로마 5
▶ 성 베드로 성당 BASILICA DI SAN PIETRO 5
▶ 성 베드로 광장 PIZZA DI SAN PIETRO 6
▶ 바티칸 박물관 MUSEI VATICANI 6
▶ 트레비 분수 FONTANA DI TREVI 6
▶ 스페인광장 PIAZZA DI SPAGNA 7
▶ 진실의 입 PIAZZA BOCCA DELLA VERITA 7
▶ 콜로세움 COLOSSEO 7

INDEX